JN023300

思春期サバイバル ③ | インタビュー編

ここから探検隊 制作
kokokaratankentai

発行＝はるか書房 発売＝星雲社

はじめに

この本は、オトナをやってみてるうちらのチャレンジ。

オトナをやってみてると、
あれって、いまになって思うと大事なことだったよな
一〇代の時にモヤモヤしてたよな
と、ふと思うこと、けっこうあるんだ。

一〇代の時は、命がなくなるのではないかと思うほど、ぐるぐる考えたけど、
それが、いま生きていく力になってる！

のような。

そんな感じで一〇代をやってから、オトナっていうのをしているうちらから、
通学、自宅警備、通勤、デート……と忙しくして、
いろんな世代に出会うことが難しい一〇代に向けて、
『思春期サバイバル』シリーズで発信し、
勝手に全一〇代を応援してみて早一〇年。

逃げたっていーじゃーん!!

いろんな人がいて、いろんな意見がある!!

これまで――
第一巻では、一〇代のモヤモヤを一緒にワイワイ騒ぎながら考えてみよう！
第二巻では、一〇代のモヤモヤとの付き合い方をシェアしてみよう！
ってことをやってみた。
いろんなモヤモヤの答えを探したけど、
ぶっちゃけ一つの答えにはたどり着かなかったな。
学校やめて一〇年後に、大学を卒業して一〇年後に、幸せかどうかわからない。
一〇人いれば一〇人のモヤモヤ、立ち向かい方、逃げ方がある。
タイミングはそれぞれ。
そもそも、みんな、どうやってオトナになってくんだろ。

そこで!!! 今回は、作者集団、ここから探検隊四名が、
「この一〇代の人のモヤモヤって、結局どうなったんだろう」
「この人って、過去にどんなふうにモヤモヤを乗り越えたんだろう」
と、気になる相手にインタビューをしてみたよ☆

なんと!! 総勢二〇名のたくましく、しぶとい（笑）オトナの方がたに、
ご協力をいただきました（）。
たとえば――
　小学四年生から学校に行ってない人

児童相談所に保護されに行った人
一〇代で結婚した人
人工妊娠中絶を経験した人
ホストやってた人
セクシュアリティがいろいろな人
趣味や自分のセクシュアリティから仕事を選んだ人
ジェンダーを学ぶ大学生男子
居場所を利用していた大学生女子
ＬＧＢＴＱの集まりにいる二〇代

どんなモヤモヤがあって、どうしてると思う？？？　ちょっと興味あるよね。まかせてください！　インタビューしてきました!!

そして、今回ご紹介させていただきます、いろんな人の乗り越え方も、あくまで、あくまでも個人の経験です。その点、ご留意いただき、広い心でよろしくお願いします。

なにせ、人生に「正解」なんてない。

何が普通かとか、意味あるかとか、考えすぎてもわからなければ、やってみちゃえ！　って時もあるでしょう。

選んで、やってみてはじめて「自分、意外とこういうの好きだわ」とか、「ずっとやりたいと思っていたのに、自分には合わなかった！」なんて
自分の道を「つくってく」のかな。

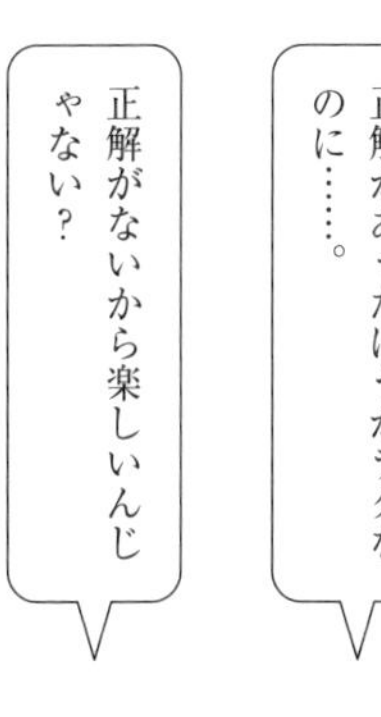

インタビューさせてもらうなかで、うちらも生きるヒントをいただきました。

個人的には、実はどっちでもいいのに。

人生トライ＆エラーだよね☆笑

案外、「気づいたらそうなってた」なのかもしれない。
そんな、人生計画どおりになるものではないからね。
うちらは一応オトナなんだけど、いまだにモヤモヤや不安、煩悩だらけなわけで。
しっかり人生を計画しなさいとか、偉そうなことは言えないよ。

それにオトナって、どうしても「これをしなきゃ」と思っちゃう場面があって。
本当はもっといろんな選択肢があって、どれを選んだっていいのに。
そして、立場上「こうだ」と言わないといけない場面もでてきたりして。
そういう時に、モヤモヤしたり、迷ったりしているオトナの人にも読んでもらいたい。
「え、そんなやり方もあったわけ⁉ いまから軌道修正するわ」
って、何歳になってもＯＫ！ だって、自分の人生だもの。

モヤモヤした時の選択肢の幅が、何歳の人にとっても、もっともっと増えますように！
またしばし、ご一緒させてくださいな。
シリーズ最終章、開幕です!!!

イラスト・デザイン　丸小野共生

1

"トーク&トーク"

talk & talk

ガールズトーク女子ってどんな??

中高生のための居場所「Pear Plant（梨の木）」を運営しているまさみんが、一〇代の女性二人と「ガールズパワー」をテーマにお話しているところを、のぞいてみたよ！

＊登場人物（すべて仮名）
なみん：石原さとみが好きな一八歳・大学生。五〇％女の子でよかった。
たみん：勉強をがんばりたい一九歳・大学生。五〇％女の子でよかった。
まさみん：職場の女性上司を尊敬している二〇代・社会人。八〇％女の子でよかった。
※年齢はインタビュー当時のもの

【Pear Plant（梨の木）】
中高生のための、学校でも家でもない第三の居場所。お菓子を食べながらお話したり、ゲームやスポーツを楽しんだり、ご飯をつくったりできる。月二回、休日に横浜で開催。女の子限定の日と、性別不問で過ごせる日がある。
https://ameblo.jp/1840masa/

◆梨の木ってどんなところ

まさみん：二人は梨の木に来るようになってけっこう長いけど、あらためてどんなふうに過ごしてきたか聞いてもいい？

【さくらリビング】
公益財団法人よこはまユース
が運営する青少年交流・活動
支援スペース。

たみん：なみんと私は中高一貫の女子校の同級生で、今は二人とも大学生。まさみんと最初に出会ったのは、中高生の活動スペース「さくらリビング」だったよね。さくらリビングがオープンした時、同級生で行くようになって、そこでまさみんは女の子の居場所をやってた。
なみん：高一の時だよね、梨の木でオムライスをフライパンでつくって食べたの、すごい覚えてる！　アクセサリーづくりもして、町のバザーで売れてうれしかった。
たみん：けっこう売れたよね。
なみん：お客さんに「自分がつくりました！」ってアピールしちゃった。梨の木って、女子の憩い（いこ）の場という感じ。さくらリビングは、自習室みたいな場で、男子が私たちを見て笑って来ることもあった。でも梨の木は、そういうのがないからいい。学校と家以外で話ができるところ。勉強しに来る時も、ほかとは居心地のよさが違う。

◆中高女子校時代は人間関係がドロ沼

まさみん：高校時代の二人のことを聞いてもいい？
なみん：中高は、人間関係がドロドロだった。
たみん：同級生の物がなくなって、別の子のカバンに入っていたことがあったよね。犯人は別にいるって、みんなわかってた。でも、犯人の親がモンスターペアレントだから言えない感じだった。先生も強く注意しなかった。
なみん：先生のなかにえこひいきする人がいた。
たみん：私たちがやったら、もっと厳しい指導されたよね。露骨な盗みのようなイヤい？

がらせが起きるのは、女子高だからかもしれない。女の子同士って、なんか細かくな

なみん：私たち、学校では四人で仲がよかったんだけど。卒業までに仲良しグループが解散になっちゃった。っていうのも、仮にAさんとBさんと呼ぶけど、私とAが校内の委員で一緒になって、意見を言い合いながらやっていたんだけれど、関係がピリピリしたことがあって、それをBが気にして、気をまわすようになった。だんだん誤解がこじれていって、ある時、Aが仕事に追いつめられて泣いてしまった。それをBは、Aが私との関係で追い込まれたと勘違いして、四人で遊んでも私たちが雰囲気を悪くしていると受けとられるようになった。

たみん：四人で遊んだ時、あとでBから私にLINEがきて、「四人で遊んで楽しかった？」って聞いてきたから、楽しかったよと伝えたけど、なんだかな。

なみん：私は、Bからは「もう縁を切ろう」と言われた。Bと私は中一から仲よかったのに……。AとBがまだ大学が決まっていない時で、私は進学先が決まっていたというタイミングもあって、うらやましさもあったと思う。恋愛でもうまくいってなかったみたいだし。あと、Bは四人で遊んだ時に、生理だったみたいだし。生理でイライラしてあたっちゃったなら、謝ってくれればいい話なのになー。Bは精神的に不安定だから、突然連絡がとれなくなったりもした。

たみん：高校卒業した時には、やっとこの環境から抜け出すことができたー！って感じがあったな。

なみん：大学生になって、いよいよこれからだって感じ。うちの大学は、私が一人で

一人行動も楽しめて、みんなでいるのも楽しめるのってすごいいいこと！

イメージと現実の違いって面白いね。

行動していても、教室の入り口で声かけてくれて、その場にいる人と話をする感じ。群れなくても授業ごとにいられて、そのままみんなでランチしたりする。雰囲気、すごくいいよ。

たみん：私、中高で人間関係のドロ沼を学んだから、大学では主に一人で行動しているんだ。周りから見られちゃうこともあるけど、「私は自立しているんだぞ」という気持ちで通してる。女子と比べると、男子は自立できていないように見える。「女の子は群れる」ってよく言われるけど、それってむしろ男子に言えることなんじゃないかと思う。男子で「ぼっち」でいる人って、あんまり見たことない。

なみん：女子のほうが一人で行動するよね。

たみん：女子は細かいから、大勢でまとまるのは難しい。男子のほうが単純だから、まとまりやすいのかな。入学式の時、ある学部の男子一〇〇人ぐらいが集団行動していたのを見て驚いた。細かく見れば小集団なのかもしれないけれど、結局それが集まって一〇〇人ぐらいになっていて、生理的に受けつけなかった。自立しろよ！

◆男子がいると自分の態度が変わっちゃう？

まさみん：大学で男子を見て、二人はどう思うの？

なみん：私たちは中高と女子校だったから、同級生に男子がいるのは久しぶりだよね。

たみん：大学デビューして、髪の毛を染めてカッコよくなろうとしてる男子を見ると、ちょっと無理！

なみん：たみんだって、ガーリーな服を着るようになったじゃん。私たちパーカー大えー、好きなメイクすればいいじゃん!!!

女子校出身者は、笑う時に手を叩くって聞いたことがある。ホントかウソかは知らない（笑）。

おとなでも、地声で話す女性は少ないような。教員は地声率、高いかも。

好き女子だったのに、大学に染まって、服装変わっていってるよ。しかもたみん、イケメンからインスタ聞かれて喜んでるし。

たみん：あのね！　私の言うイケメンは、「学業をがんばり、母親に大事に育てられて、ぐれてない人」。大学デビューしている人たちは、なんというか、あんまり好きになれない！　こないだ友だちが同級生男子とＬＩＮＥ交換したんだって。そうしたら、その人から「終電逃したから泊めてくれない？」ってＬＩＮＥきたんだって。

なみん：なにそれ。大学って、カラダ目的の人が多いのかな、怖いなー。

たみん：男子も女子も、お互い話してみたいなって感じはあると思う。大学入ってから、まずは服だよね。兄の意見を聞いて「男ウケ悪いよ」と言われたら、ウケのいいほうを選ぶようにしている。あと、メイク。韓国メイクは男ウケ悪いよと言われたから、ナチュラルにしている。

なみん：大学に入ってから、みんな他人の目を気にしているとは思う。私は、声が大きい、動きが大きいと指摘されることが多い。

たみん：あと笑い方ね。汚い笑い方を高校までに覚えてしまったから、大学ではきれいな笑い方をしたいけど、答えがわからない！

なみん：共学の子って、なんか自分をさらけ出さなくない？

たみん：そうそう、自分をつくっているからか、声のトーンが明るい。声が低い子は女子高だなって！

なみん：言葉づかいにも気をつけてる。最近は「でかっ！」じゃなく、「大きい！」と言うようにしたりさ。共感を求める時は、「じゃね？」よりの「じゃん？」を使うけ女子同士ワイワイ話してる様子はこんなに楽しそうなのに、男子同士ってあんまりこういう会話にならない気がするの、なんでなんだろう。

ど、周りの子は「じゃない？」なんだって。
たみん：男子がいると上品になる。
なみん：本当においしい時は、「うまっ！」がでちゃう（笑）。

◆女の子でよかったところ、イヤだったこと

まさみん：二人とも、周りに合わせて自分を変えなくたっていいのに、いろいろあるんだね。女の子でよかったと思うところはある？
なみん：トイレが個室。水着が二枚。
たみん：プリクラ撮ったりとか、二人でお茶したりとかって遊び方も気に入ってる。
なみん：女子のほうが遊び方がたくさんある。男の子の話を聞いても、バリエーションが少なくてつまんない。
たみん：女子会はあるけど、「男子会」ってないよね。
なみん：女子は、服やメイクも選択肢が多いのも楽しいよね。
たみん：バイト先では、男の人が率先して重いものを運んでくれたりもするな。背が低い女の子が、「持ってあげる」「やってあげる」って男の人から言われる。それを本人がイヤがっているのも見たな。
なみん：そういうふうな話を聞いていると、結局、女の人は男の人から下に見られているような感じがするな。
たみん：その子は自分がそうやって目立って、ほかの女の人に目をつけられるのがイヤなんだって。

同性が好きなんだって、とウワサになるのは、本人が望んでない場合にはアウティングになっちゃうから、どこまで話していいのかは本人に聞こうね。

ＬＧＢＴＱについて、詳しくは四〇ページの注を見てね。

なみん：女同士も面倒！

まさみん：二人は女の子でイヤだなって思うこともある？

なみん：生理の影響。おなかが痛かったり、たくさん食べすぎたり、毎月それぞれ体調は違うんだけど。

たみん：私は一度、生理しんどくて歩けなくなったことがある。あと、目の前のものすべてにイライラしたりする。化粧も女子しかしないよね。実際、メイクが面倒な日もある。遊びに行く時にメイクをするのはあがるけど、学校に行くのにメイクをしないといけないのは女子だけだよね。

なみん：化粧をしなくても性格でモテる女子もいるけど、結局のところ、男子にとっては容姿が一番なんじゃないかな。あと、なんか男子のほうが人間関係がラクそうに見えてうらやましい。

たみん：女子のほうがＬＧＢＴＱに寛容だったりする？　男子はキモいとかって言うけど、女子は言わないよね。女子校で同性同士の告白があった時、普通に「あの子が告ったんだって」ってウワサになることはあっても、あの子キモいみたいなこと言う人はいなかったよ。

なみん：寛容さの違いもあるかもしれないけど、女子の場合って、キモいと言ったことの影響が広がってその人が傷ついたり、なんか大事（おおごと）になったほうが面倒くさいって考えてるだけで、優しさとは違うケースもあるんじゃない？　女子は思っていても言わないこともたくさんあるだけで、それが優しさとはかぎらない。

たみん：男子はノリや直感で言っていて、何も考えていないのでは、と思うこともあ

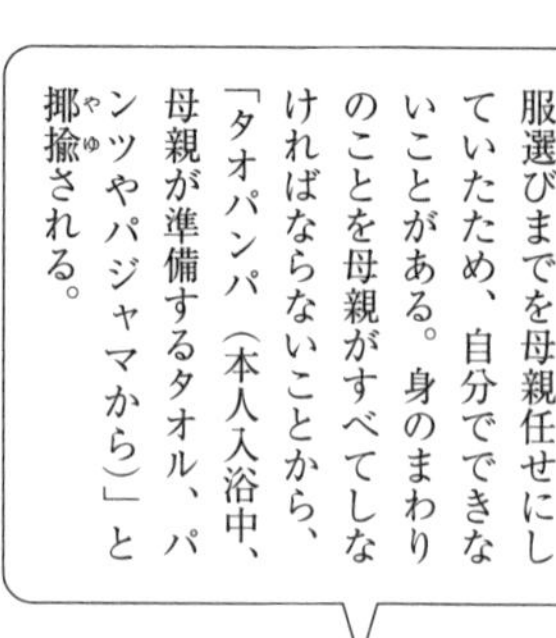

る。女子校の大変さとはちょっと違う部分がある。さっき男子が一〇〇人で団体行動していた話をしたけどさ、大学で群れている男子を見ると、あんまり物事を深く考えていないようにも思える……。

◆女性は下に見られているのかな

まさみん：二人は女の子として生きていて、自分が男性よりも下に見られていると感じたことはある？

たみん：私、女子高で「男女平等社会に向けて女性ががんばらなければ」と刷り込まれて育ってきて、世の中には女性を差別している人なんているのかなと思ってきたけど、今のところそこまで生活上の実感はないな。

なみん：この前、ニュースで「女性の話が長い」と言って批判されていたおじさんがいた。その人のことは嫌いになった。

たみん：おじさんは女の上に立ちたいのかな。

なみん：これは気にしすぎかもしれないけど、大学でグループワークの時に、男子が女子にあんまり話をまわさないことはある。私はしゃべりたくなっちゃうタイプで、「こうやったらいいんじゃない？」とか「こういうのは？」とか、すぐ言っちゃう。あんまり言っちゃいけないのかなぁ。

たみん：たしかに。

なみん：周りからどう思われているかって部分はあるけど、私は結局、思ったことがあったら、ついしゃべっちゃう。自分は別に彼氏がいるから、ほかの男子からどう思バイトしてる大学生と違って、バイトしてない浪人生は、服にお金かけられないよね……。

われようが、もういいやって思ってるのかも。
たみん：バイト先で指示出すのは男の人だ。女の人には出産・育児があることも関係してるのかな。だから昇進できない、みたいなさ。

◆恋愛に何を求めている?

まさみん：二人の恋愛事情を聞いてもいいですか?
なみん：私、小学校からの知り合いと付き合ってる。今、彼氏は浪人してるんだけど、そうなると大学生がカッコよく見えてしまう。彼氏のファッションと、大学生のファッションとに差があるんだよ。
たみん：うわついてるー。でも、その大学生の人たちは大学になじもう、モテようとして、がんばってるんだよ。
なみん：彼氏と一緒にいると安心するし、小学校から一緒にいて私のことを全部知っているのは強い。でも、ドキドキがほしい。だけど、別れたら後悔するんだろうなと思う。
たみん：あなたの彼は今、勉強をがんばらないといけない。
なみん：たしかに。でも、服変えてほしい。
たみん：私は彼氏がほしいし、結婚もしたいけど、愛は続かないんじゃないかって思ってるんだ。世界で三組に一組が離婚している現状があるから。愛は五年以内にさめると思う。でも結婚はしたい……。
なみん：私は、恋愛は人間関係の延長線上にあると思う。まず、誰しも誰かに認めて恋愛がおまけみたいな感じになることは、男の子にも女の子にもありえるから、本来的には「男子」の特徴ではない。ジェンダーバイアスによって、三人の共通理解になっているという見方もできるよね。

【ジェンダーバイアス】
性別に関する無意識の思い込みのこと。「女子は料理お願い」「力仕事は男子の担当ね」などと、言っている側には悪気がないし、言われた側もなんとも思わない人がいる。これ、断る権利あるからねー
ちなみに、多かれ少なかれ、親、教師、友だち、自分、みんなの考え方に、ジェンダーバイアスがかかっているぞ！

ほしくて、恋人のほうが関係性が濃いから、その人に特に求めている、というイメージ。男の子にとっては恋愛はプラスアルファ、おまけみたいな感じで、「彼女がいたら人生楽しい」というイメージ。いつもの人間関係とはまた別物で、切り離されているような感じがする。

たみん・まさみん：わかる！

なみん：ある人にとっては、恋愛自体が「犬飼いたい」みたいな感覚かもしれない。でもそしたら、自分犬かよって思うじゃん（笑）。

たみん・まさみん：（爆笑）

なみん：男子は、恋愛、仕事、趣味とか、人間関係がコンテンツで分かれているのかな。女子は人生をひとくくりで考えている。

たみん：とはいえさ、やっぱり甘えられる人がほしいよ！

なみん：極論さ、親は甘えさせてくれるかもしれないけど、自分が親を選んだわけじゃないじゃない？　自分で選んだ人に甘えたいし、無条件に受け入れてほしい、全部を認めてほしいという感覚がある。彼氏にかわいいって言われると、認められている気がする。

たみん：自立した女性のなかには、男性のことは別に置いておきたいという人もいるかもしれないけど、やっぱり私は男性に支えてほしいと思っちゃう。

なみん：男子が女子に対して高い理想をもってしまって、うまくいかなかった話を聞くことがある。デートの日に、女の子側にバイトが入ったことで、女の子がフラれそうになったと聞いたことがあるよ。

おごられたくない女子もけっこういる気する。餌付けされているみたいでイヤなんだって（笑）。

たみん：うわー、それひどくない？　でもさ、女の子の本性がでた時に、どれぐらい男子に受け入れてもらえるのかは謎だよね。

なみん：私と彼氏は昔から知っている仲だから、お互いに対して過剰に期待をもつことはないから、それはラク。前に、彼氏におごるよって言われたけど、絶対やめてって言った。そんなことしたら彼氏の負担になるし、依存している感じがしてイヤ。それなら二倍遊べたほうがいいじゃん。私が払わなかったら、彼の負担が二倍になるわけだし。

たみん：私も、なめられている気がするから、おごられたくない。自立した女性になりたいし、甘えられる彼氏もほしい！

なみん：彼氏の服は……明日デートだから、一緒に選びに行こうかな。

まさみん：二人とも、今日は話を聞かせてくれてありがとう！

（まさみんから）

自分の全部を受け止めてほしいとか、男の人から「かわいい」って言われると認められている気がするっていう気持ち、一人の女性としても、すごくわかるなぁ。やっぱり自分のことを認めてくれる人を探しがちだよね！　男の人は理想が高いとかってよく言うけど、女の人も同じような傾向にあるのかもしれないね。今回みんなといろんなことを深掘りしながら話せて、とっても楽しかった。

二人とも、素でいられなかったり「女子」を求められることに窮屈さを感じたりしている一方で、「女子」の役割をしようとか「女子」を楽しみたいっていう気持ちもあるんだね。女子だけの会だと、そういった相反するような、表裏一体のような「本音」を語ることができるみたいで、おもしろいね。こういう話をジェンダーやセクシュアリティの垣根なしにみんなでワイワイ話せたら、さらに楽しそうだよね。そこでは性別での違い以上に個人での違いも見えてくるかもしれないし（今回も二人のなかでの違いも見えたよね）、窮屈さがあるなかでも、社会の規範を少しずつズラしながらサバイバルしていく方法もたくさん見つけられるかも。

行動力、思慮深さ、優しさなどが伝わってきて、それぞれに魅力を感じたわ！　一方で、今の一〇代の考えのなかに、伝統的な男らしさ、女らしさ（固定概念）が、いまだに強く影響し続けていることを実感させられ、想像していたより日本って変わっていないんだなと感じました。もっと自由な考えでいいじゃん、てね。現行制度や自身の思い込みのなかで、女の子はここまで、と自ら道を閉ざすなんてことがない日本になってほしいなって思いました。どうか、日本のオンナノコたちによい人生を！

性差を感じるところで言うと、女の子は、男の子に比べて早期に自立的な考えをもつ子がいるように思います。たとえば中学生で、生理があったことや周期を母親に伝えていないという女の子。理由は、親がいろいろ詮索（せんさく）してくる、妊娠とか彼氏とかに結びつけて語られるのが不快っていう意見。私も実はそうだったので、とってもよく

わかります。
　実は学校でも家庭でも、生理に対する知識をきちんと教えていません。生理前の症候群、不順、薬に対する間違った思い込みで、辛い思いをしている子がけっこういるんじゃないかな。ですから女性のセクシュアルヘルスについては、親以外の信頼できる女性やドクターを探しておくと、困った時に頼りになります。

思いがけない妊娠を経験した私が性の情報を届け続けるワケ

染矢明日香（そめやあすか）さんに聞いてみた

みんな、ちゃんと性について教えてもらったことある？　私はこんなに興味があることなのに、親からも学校でもちゃんと教えてもらえなかった。誰もが性と向き合って生きるはずなのに、それっておかしくない？　そんな思いから、中高生や保護者向けの性教育講演、性教育教材の制作など性の健康に関する啓発や、政策提言の活動を行うＮＰＯ法人ピルコンを立ち上げた染矢さん（当時三四歳）。この『思春期サバイバル』シリーズのファンだとおっしゃってくれる染矢さんに、ピルコンのことを軸に、ご自身のこれまでとこれからについて、渡辺がお話を聞きました。

◆性に関する活動を始めたワケ

――まずはＮＰＯ法人ピルコンについてご紹介ください。

染矢：ピルコンの活動のメインは性教育の講演です。中高生に授業をする時には、中高生に年齢の近い大学生などと一緒に行くような工夫をしています。私が高校生の時には保健体育の授業を受けても自分のこととしてとらえられなかったので、少しでも

【ＮＰＯ法人ピルコン】
連絡先は次のとおり。
https://pilcon.org/

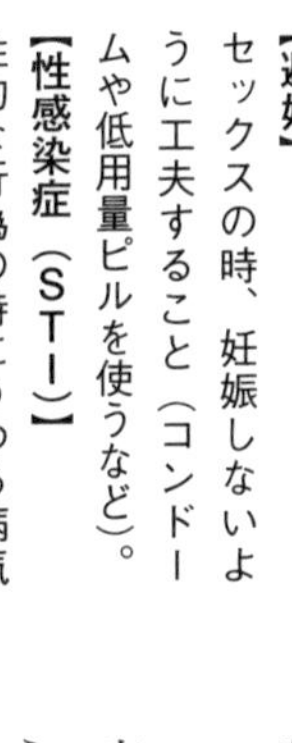

【避妊】
セックスの時、妊娠しないように工夫すること（コンドームや低用量ピルを使うなど）。
【性感染症（STI）】
性的な行為の時にうつる病気のこと。クラミジアや梅毒、HIV感染症などがある。
【性的同意】
性的な行為をすることについて、相手と対等な関係のなかで確認する意思。

自分のこととしてとらえてもらえるようにと、教材開発にも力を入れています。

内容は中高生に身近な、お付き合いをするなかで起こりうる問題、避妊や性感染症、最近では性的同意のことは誰にでも起こりうる問題だよ、もし困った時はこういう方法があるよ、と率直に伝えています。生徒さんからも、あんまりこういう話を他の友だちとか先生ともすることがなかったので、具体的に知れてよかった、という声を多くいただいていますね。

また、保護者や子どもたちの支援に関わる人たちに向けても講演したり、政治家の方に提案などもすることがあります。

――いつ頃、こういった性に関する活動を始めたんですか？

染矢：大学生の時に、同じ大学の人に向けて避妊について産婦人科の先生を呼んでセミナーをするとか、自分たちでフリーペーパーをつくって配るという活動をしていたんです。大学を卒業して、私は雑貨メーカーに就職しました。もともと、いろいろなカッコいいものをつくって世の中に広めるという仕事をしていきたいと思っていたので、望んでいた職業ではあったんですけど、これだけモノが豊かにあるなかで、世の中にはまだなくて本当に必要なものをつくりたい、もっと社会に役立つことを仕事にしていきたいと思ったんです。そう思った時に、大学で勉強した性教育の分野は本当に世の中で必要なのにまだ広まっていない、まだまだ可能性があることだなと思って、それにチャレンジしようと、二〇一三年に法人化して活動を始めました。でもNPOを立ち上げるのにも、こんな自分でやっていけるのかなという不安もあって、はじめは会社で働きながら半々で活動していました。それも会社の上司の理解があってできたことなので、すごくありがたいなと思っています。立ち上げの時から一緒にやっている人も、会社で働きながらでした。生活ができるまで稼ぐのはすぐには難しいけど、できることはやっていきたいという共通の意識がありました。
　二〇一五年からピルコンだけに専念することにしました。結婚したパートナーに背中を押してもらったのが大きかったですね。やりたいことがあるんだったら、がんばってみればと言われて、もしうまくいかなかったら、その時考えようと思って、チャレンジしました。

――身近に理解してくれる人がいるというのは力をもらえますよね。これから人生を考えていこうという若者にとっては、そういう生き方もあるんだっていうのは、すごく参考になりますね。なかなか仕事を立ち上げるなんて勇気がないという若者もおとなも多いと思います。仲間がいるというのもいいですね。大学生の時にフリーペーパーをつくったという活動も、すごくおもしろいですよね。

染矢：それも一緒になっておもしろがってやってくれるメンバーがいました。みんな大学で活動を始めるまで、性のことについて全然知らなかったということに、学びながら気づいていったという感じです。
　私がなぜ大学でそういった活動を始めたかっていうと、もともと思いがけない妊娠と人工妊娠中絶をした経験があったからでした。その時お付き合いをしていたパートナーも大学生だったんですけど、将来のこととか、仕事のこととか、経済的なことを

【人工妊娠中絶】
妊娠したけど産まない選択をした時に、妊娠を中断すること。日本では、手術によって中断する。

考えると、やっぱり今産んで育てていくというのは難しいなと思って中絶を選択しました。でも、やっぱり心にはすごくショックが大きかったんですよね。まさか自分が……って。中絶を選んだ後も、そのことに対して自分がどう向き合っていいのか、なかなか気持ちが揺れて定まらず、自分を責める気持ちもあって苦しい思いをしました。そういうなかで、どうやって思いがけない妊娠を防いでいくのか、実生活につながるような実践的なこととして教わってこなかったなって思ったんです。

大学の授業の一環で、社会で必要なことを自分たちで考えてやってみようというグループワークがあったので、日本の中絶件数ってどれぐらいあるのか軽い気持ちで調べたんですけど、その当時も出生数の六分の一ぐらいあるのを知りました。それは本当に衝撃的でした。こんなに自分と同じようなめちゃめちゃ辛い思いをしてる人がいるのに、なんでこんなに知られていないんだろうと。その思いからスタートしていきました。

その時は、自分の経験をオープンに話してはいなかったんです。でも、妊娠・避妊に不安な思いがあったことや、性教育の機会が全然なかったということを話すと、たしかにそうだねって共感してくれる人もいて、その人たちと一緒に、自分たちに何ができるかわからないけど、とりあえずやってみることで見えてくることもあるかなという思いでした。フリーペーパーには、人工妊娠中絶とか避妊の現状や低用量ピルについて産婦人科の方にインタビューしたものを載せたり、学生同士の座談会を開いて、みんな避妊についてどう思うかとか、どういうことに気をつけているかとか、不安だったことはなかったかなどディスカッションしたものを載せたりして、学園祭の

【低用量ピル】
排卵を抑制して生理（月経）をコントロールするために飲む薬。飲んでいる期間は妊娠しづらいため避妊効果があるが、性感染症は防げない。

時に配ったりしました。

◆性にまつわるコンプレックスやプレッシャー

――染矢さんは、中高生時代に性の話を友だちとオープンに話せるということはあったんですか?

染矢：中高時代は性について全般的に関心はあって、めちゃめちゃ下ネタを言っているような子でした。今振り返れば、それだけ学んでいなかったっていうことなんですけど。中高生の時に交際や性経験はなかったので、保健体育の授業とかすごくワクワクして聞いてたんですけど、話される内容はさらっと終わっておしまいみたいな感じで、がっかりしていました。学校は共学で、同じ部活の男子の先輩がもっているエロ本を、みんなで回し読みしていました。性のことは健康に関することというよりも、おもしろいこと、ちょっとワクワクするようなこと、エロくてちょっとタブーなことを笑うというような感じでした。

性に関する悩みとしては、自分が筋肉質で、胸もあんまり大きくなくて、典型的な女性らしい体つきではないということがありました。それで自分に自信がもてず、誰ともお付き合いできない自分は魅力的じゃないんじゃないかとか、ちょっとコンプレックスに思うこともありました。

当時は雑誌とか見て、このモデルの子かわいいなとか、それと比べると自分は……って。そういうふうになりたいという向上心につながることもあれば、なんで自分はこんな体型なんだろうと落ち込むこともありました。

自分の身体に対する感情や価値観。「これが美しい」「これが理想型だ」とされる社会的価値観に影響されるよね。

友だちとはわりと何でも話せる関係性ではあったんですけど、そういうコンプレックスも、まじめなシリアスな話や相談というよりは、それもネタにして一緒に笑うみたいな感じで。でも、ほんとはちょっと心が痛いみたいな時はありましたね。

ボディイメージに対する意識が大きく変わったのには、自分の出産経験もすごく大きいなと思います。三〇歳の時に出産したんですが、授乳をして、子どもとふれあうなかで、子どもも自分も健康で生きていればそれに越したことはないって、少しおおらかに思えるようになりました。そのことを通して、自分の身体のとらえ方に、男性に魅力的に映るかどうかというのが無意識的にあったことに気づきました。誰かにジャッジされる魅力ということよりも、自分とか自分の大切な人にいいなって思われることのほうが大事だな、って思えるようになったということですかね。

――中高生の時、誰とも付き合ったことがないということがプレッシャーになったってお話してくれたんですけど、たぶん今の中高生もそういうプレッシャーってあるんじゃないかなと思うんです。

染矢：そうですね。周りの友だちで彼氏ができたとかエッチしたっていう話を聞くと、えっそうなんだ、私ちょっとついていけてないとか思ったり、早く彼氏ほしいなと思って友だちに紹介してもらったりしたんですけど、なかなかうまくいかなかったんです。私は大学生になってから人とお付き合いしたり初体験もしたんですけど、すごくあせってたから、その人の本質を見てなかったり、そんな急いでしなくてもよかったんじゃないかっていう性経験もあって。

その「伝説」は呪いですな……!

「同調圧力と戦う力をもつ人は成熟している」という見方もあるらしい。

あと、無駄に経験値を上げてテクニックもアップして相手を満足させないといけないという思いがあったんです。学園祭までに恋人ができないと、その大学時代は恋人ができないみたいな「伝説」があったりとか、恋愛しているのがいいみたいな価値観がありましたね。メディアの影響も大きいのかなと思います。それも経験したからこそ、そう振り返れるんですけど、今から考えれば、性経験がなくてもいいし、タイミングは人それぞれなんだよって思いますね。あせって、あんまりいいお付き合いをできない人と関係を深めるよりかは、いま安心できる友だちとか趣味が同じ人とか、そういった人との親交を深めるっていうのも十分ハッピーなことだなって思いますね。

でも、当時そういうことをおとなから言われて、そっかーって思えたかっていうと、そうじゃなかった。それでも彼氏ほしいとか早く経験したいとか、もっとレベルアップしたいみたいな思いのほうが強かったかな。ただそこで失敗したとしても、その経験を、自分を振り返る機会として活かしていけたらいいのかなと思いますね。

――そういったピア・プレッシャー(仲間からの同調圧力)などは、大学生の時につくったフリーペーパーとか、同世代の人と関わっていくなかで、ほぐしていくことはできましたか?

染矢:どうでしょう。たとえば、避妊をしないパートナーについて、仕方ないよねって言う人もいれば、そういう人に対して自分は絶対ノーって言う人もいる。でも、そういうことを語れたことで、こうじゃないといけないという暗黙のプレッシャーから、やっぱり自分の思いを大事にしていいっていうように、少しでもほぐせたらなっ

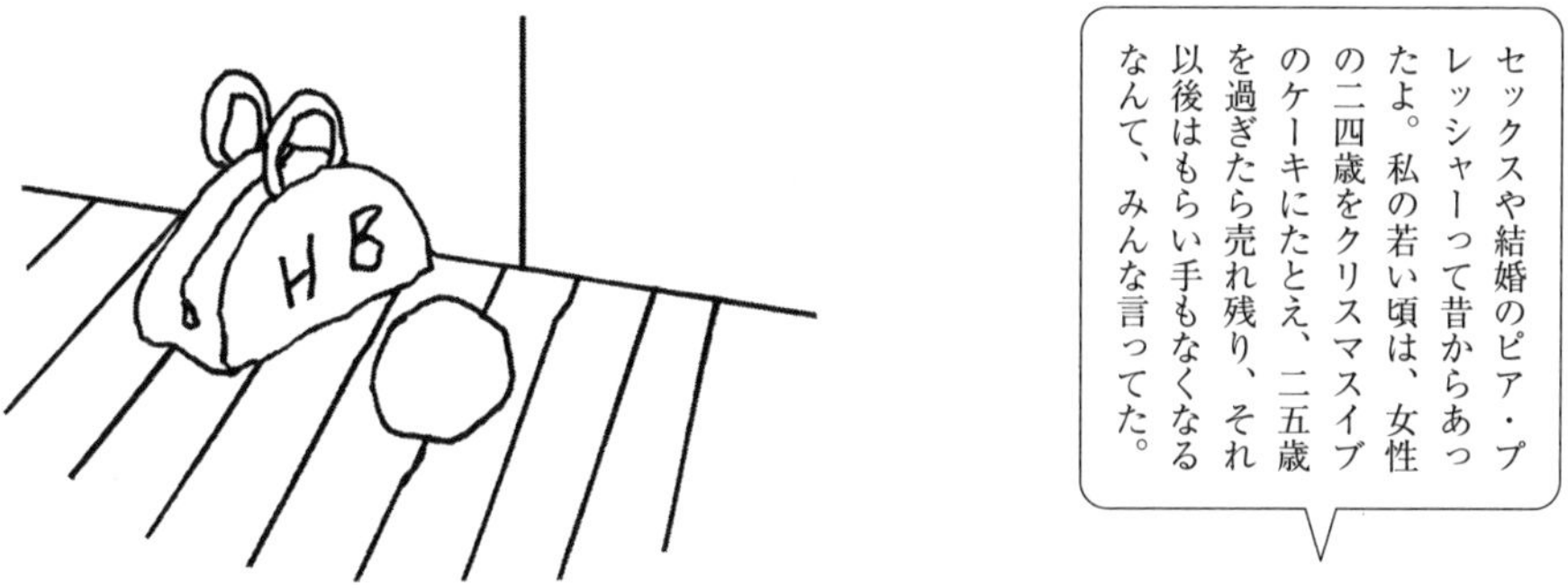

セックスや結婚のピア・プレッシャーって昔からあったよ。私の若い頃は、女性の二四歳をクリスマスイブのケーキにたとえ、二五歳を過ぎたら売れ残り、それ以後はもらい手もなくなるなんて、みんな言ってた。

て思いますね。今の若者たちって、友だちであってもなかなか本音を言いづらいっていうのがあるのかも。自分の思いっていうのはあるけれども、グループに所属していくためにできるだけ同じ意識を共有していきたいっていう傾向が、ＳＮＳの発達とともに広がっていってるのかな。でも、友だちに本心を言うのはすぐには難しかったとしても、まずは自分の内なる声を聴いて、本当はこう思うっていう自分の内側から湧き上がってくる思いを、ぜひ大事にしてほしいなと思います。

◆居心地いい場所、支えになる人

――先ほど、思春期の頃は性のことに関心があったっておっしゃっていたんですが、その他に、こんなことを考えていた、こんなことが楽しかったっていうことはありますか？

染矢：私は部活でハンドボールをしていたんですけど、それはすごく楽しかったですね。思春期の頃は、なんかよくわかんないけどイライラするとか、くすぶっていて言葉では表現できない感情みたいなのがあったんですけど、運動を通して発散できたのはすごく大きなことなんじゃないかなと思います。

中学校時代は、いじめの被害も加害も両方経験していて、今は加害をしたことをすごく反省してるんですけど。でも、人から排除されるかもしれないっていうプレッシャーのなかで、自分ってなんでこんなにできないんだろうとか、なんで魅力がないんだろうとか、そういう答えの出ないことをとりあえず忘れて、熱中できる好きなこととか、得意と思うことを少しでも伸ばしていくことで、その強張（こわば）った思考の枠組みから少し離れて、自分らしく過ごせる時間をもてたことは、とてもよかったんじゃないかと思います。クラスの友だちとうまくいかなくても、部活に行けば部活の友だちがいて、変わらず接してくれたりして、すごく救われたという思いはあります。

親子関係もそんなに悪くはなかったんですけど、思春期の頃はすごく反発していました。それまではわりと親の言うことを全体的にすんなり聞く子だったんですけど、親の考えが一〇〇％正解じゃないっていうことに気づいて、親の意見と自分の意見が合わない時とかは、やっぱり衝突したり。高校時代は、できるだけ親には話しかけてほしくないって思っていて、話しかけられた時にいかに早く会話を終わらせるか心がけていたこともありました。大学で一人暮らしを始めて、物理的に距離ができたことで、今まで家で親に甘えてた部分とか、いろいろやってもらってた部分とかがあることに気づきました。あと、自分が中絶することになった時に、すごく支えになったのが母親の存在だった。なので、そういう辛い経験も、逆に支えてくれる大切な人の存在に気づくきっかけになりうるのかなと思いました。

本当はもっと自分のことを見てほしいとか、愛してほしいとかって思ってるんだけれども、それが満たされないから、すごく反発しちゃったということもあったのかなと、振り返ると思いますね。

――妊娠がわかった時に、お母さんがすごく支えになってくれたということですが、誰に相談しようかとか、悩んだこともあったと思います。どういう経緯で、どういう支えがあったんですか？

「味方でいるからね」ってお母さんの言葉を聞いてホッとした！（泣）

染矢：妊娠がわかったのは大学三年生の時で、一年ぐらい付き合っていたパートナーだったんです。やっぱり産もうか中絶しようか、けっこう悩みましたが、なかなかどちらにも踏みきれない。でも、もし産むとなれば親のサポートって絶対必要だなと思って、怒られるのを覚悟して母親に連絡したんです。そしたら母親は全然怒らなくって、すごく意外だったんですけど、産むにしてもそうじゃないにしても、どちらにしても味方でいるからねって言ってくれたんです。すごく仲よかった大学の友だち二、三人にも相談しました。友だちも、どう聞いていいかわかんない、みたいな感じがすごく伝わってきました。どうしていいかわかんないし、話聞くしかできないけどって言って、一緒に泣いてくれた友だちもいました。でも、そう言って話を聞いてくれる存在がいるだけでもだいぶ違うなと、今は思います。

それまで高校・大学とわりと進学校で、上を目指してがんばりたいっていうのがあったんです。けれど、妊娠・出産で、将来の夢をある程度あきらめないといけないのかなと思うと、やっぱり今までの道をなかったことにしたくないなと考えて、中絶を選んだんです。

パートナーの彼も、どちらでもいいとは言ってくれていました。出産して結婚するという選択肢も考えてくれていて。でも、中絶の手術をしたその当日に性的なことを求められたりして、中絶に対して理解がないと感じてしまった。やっぱり、それがしんどかったんですよね。なので、その後に彼とはお別れしました。

その後、学校に行けないぐらいしんどい時期がありました。自分で決めたことだけど、やっぱり辛いって母親に言ったら、「自分が決めたことに対してどれだけ前向きになれたかで、その価値は変わるよ」と言われました。それまで親は自分に全然関心がないって思っていたんですよ。どれだけ勉強しても、よい成績をとっても、あんまり認めてくれなくて。親と比べて自分に劣等感も抱えていたんです。でも、こういうふうに自分の意思を尊重してくれたり、応援してくれることで、ちゃんと見てくれてるんだな、自分にとって味方になってくれる存在なんだなっていうことを、あらためて認識できました。

――子どもとしては、親に怒られちゃうかもしれないって感じちゃいますよね。拒絶されちゃうかもしれないとか。すごく勇気が必要だったのではないかなって思うんです。自分のなかでいろんなパターンを考えるじゃないですか。受け止めてもらえるパターン、拒絶されちゃうパターン。もし拒絶されちゃったらどうしようということは、その当時に考えたりしたんですか?

染矢：そうですね。めちゃめちゃ怒られて、それこそ縁を切るとか、関係性として離されちゃうこともあるのかなって考えました。でも、それも言ってみないとわからないところもあるし。あと、当時は二〇歳だったんですけど、生活的には頼っていたところもあるし、頼りにする存在みたいな感じで相談しました。友だちより先に、親に相談していました。妊娠というのが、自分の人生にとって、暮らしやその後の将来に大きく関わることですし、それを考えていくうえでの重要なキーパーソンが親だったんです。

――お母さんがそのように受け止めてくれたっていうのは、お母さん自身も十分な性教育を受けてきたっていう世代の方ではないと思うんですけど、どういうところがあると感じますか？

染矢：これは後々わかったことなんですけど、私の母親も妊娠やキャリアについて悩んだ経験があったみたいで。だから、そういう葛藤についてわかっていたんじゃないかと思います。自分が経験してきたことをふまえたうえで、私の決断を尊重しようとしてくれたのかなと思いますね。一方で、現実にはそういう親ばかりではないので、そうやって尊重して受け止めてくれるおとながもっと増えてほしいなと思います。

◆働きながら学び、子育ても

――そもそも、染矢さん自身はどうやって性のことや、ジェンダーやセクシュアリティのことを学んだんですか？

染矢：まずは自分も学んでみたいなって思い、インターネットでいろいろな情報を収集して、勉強会とかイベントに顔を出すようになったんです。そこから本を読んだり、大学の先生の授業を聴講させてもらったりして学んできました。性教協のセミナーとかに行ったのが最初だったんですよ。

――おとなになってからそういう勉強をする機会をつくるって難しかったと思うんですけども、働きながら学んだんですよね。

染矢：そうです。でも、めちゃめちゃおもしろくって。学べば学ぶほど自分のために

【性教協】
一般社団法人〝人間と性〟教育研究協議会の略称。性教育に関する民間教育研究団体。

なったんです。はじめは、誰かに伝えたいと思って始めた性教育の勉強だったんです。でも、こうして生きたいっていう思いを大切にして自分の人生を実現していくとか、誰かの性的な欲求や自分の生理的なものに振り回されて毎日を不安に過ごすんじゃなくて、それをある程度客観的に見たり、コントロールするっていう選択肢をもって生活することの大事さを学んだのは、すごく自分の自信にもつながったんです。

それから、会社とは違うところに人間関係が広がっていって、そこが安心して話せる場所にもなりました。今も、前の会社で働いていた人との関係はあるんですけど、実は私もこういうことで悩んでいた経験があってとか話してくれる人もいて、そこから人間関係が再開したり、新しいお仕事をしていきましょうとか、そういう「化学反応」があって、おもしろいなって思いますね。

たとえば、学校とかサークルとか、これまでは場に依存した友人関係が多かったんですが、自分がいろんな場所に行ってみると自由に動けるようになったり、そういう場がないんだったら自分たちでつくろうみたいな、場をつくる力をもてたことはすごく大きいと思います。

——学校のなかでいろいろ生きづらさを感じている一〇代の若者たちには、そんな人間関係のつくり方もあるんだっていうことを知ってもらえるといいなと思います。

染矢：三歳の子がいるんですけど、子育てはすごい楽しいですね。日々成長していく姿を間近で見て、一緒にそういう視点があるんだみたいな発見が得られたり、話ができたりして、おもしろいなって思います。自分のコンプレックスとか自信のなさを紐(ひも)

解いていくと、幼少期の親との関係性がすごく大きいんじゃないかなって思うんです。でも子育てを通して、自分は本当はこうしてほしかった、こういうふうに受け止めてほしかったっていうのを再現できるんですよね。それによって、自分がちょっと癒されていくような感覚があったり……。子育てってうまくいかないこともあるんですけど、そういう時もあるよねって自然の成り行きにまかせて構えることで、ちょっと心の余裕ができたりする。こうしなきゃいけないとか、こうじゃなきゃダメだというのから、そうなるよね、それもアリだよねって思えるようになってきましたね。親らしい親じゃなくてもいいのかなって思います。パートナーはわりとルールに厳しいほうなので、それを担ってもらい、私はどっちかっていうと子どもと対等な存在で、一緒に遊んだりとか考えていくという位置づけだったり。親以外にも、たくさん関わってくれる祖父母とか、いとことか、友だちや保育園の人もいるので、そういう人たちと一緒にやっていけたらいいなって思います。

――パートナーの方とは子どもが生まれてから変わったこととかありますか?

染矢：パートナーとは正直、価値観がかみあわなくて、あんまりうまくいってないこともあるんですよ（笑）。そういう時は違う人間だから仕方ないよねって思って、できることをできる時にやろうって感じですかね。それぞれ人間だから、完璧な人っていないし、自分たちも欠点とか凸凹がある人間同士だから。でも一緒に生活していくうえで、お互いがよりハッピーになっていくためにどうやっていくのかを話し合おうっていうパートナーシップのスタンスをもてているのは、いいことだと思っています。

やっぱり思春期からの恋愛の刷り込みで、すごく魅力的で理想的な人がいて、その人が自分の人生をもっとハッピーにしてくれるっていう幻想がありました。結婚したあとも、理想像にパートナーを当てはめようと無意識にしていたこともあったと思います。それが自分の理想どおりにいかないと勝手にがっかりして、すごく怒って相手を責めちゃうんですけど、理想としてそうなってほしいという思いはあっても、相手も人間だから、現実的にどうしていくかを一緒に考えてみたり、ケンカしたらちょっと距離を置いてみたり、そういうことが大事なのかなって思います。

人それぞれ、生まれてから今まで、ジェンダーの意識とか恋愛の刷り込みって深いところにあると思うんですよね。それって一回授業を受けたらガラッと意識が変わるかというと、そういうことではなくて、やっぱりいろいろ考えながら、学んだり議論していくことによって、自分の価値観を再認識していったり、こういう考え方もあるんだっていうことを、もっと長期的なレンジで気づいていくものだと思うんです。たんに知識を得てわかった、理解できたっていうものだけではない学びのあり方というのも、今後ピルコンでも模索していく必要があると思います。

――そういうところでも、ピルコンの提案する学びにつながってくるんですね。それを一緒にやろう！　と言ってくれる人もたくさん出てきていますし、それって心強いですよね。今回はどうもありがとうございました。

染矢：ありがとうございました。

男女がセックスをする場合は妊娠の可能性が出てくるので、なおさら、コンドームを使うことをパートナーと決められるといいですよね。もしもコンドームを使わない場合、二人に出産の準備ができているのかどうか、と考えさせられました。また中絶って、かなりインパクトのある言葉で、大切な命を失ったことにショックを受けますよね。一方で、産むか産まないかを選ぶことは決して悪いことではありませんので、冷静に選択した当時の染矢さんに拍手を送りたいです。

染矢さんが大学生時代に悩みながらお母さんに相談した時のこと、ドキドキしながら読んだよ。どの選択をしても悩むような場面で、自分が選んだことを応援してくれる人がいて本当によかった。

日本にはお見合い結婚という風習もあって、女性は写真館に振袖姿の写真を撮りに行かされ、「釣書（つりしょ）」「身上書（しんじょうしょ）」なんていう、縁談のさいに相手の家に届ける書面を書かされました。一方の男性の側は、就職祝いに、童貞だという後輩を風俗に連れて行く会社があったり。私は、なんとか恋愛結婚だったけど、自分にかけられたジェンダーバイアスにより、男性選びではさんざん失敗した恋愛の黒歴史。なんてことを書いていると、歴史的な事実に立ち会っている生き証人みたいですね。染矢さんみたいなパートナーシップのあり方、素敵ですね。時代は確実に進んでいるってことでしょう。

"トーク&トーク"

talk & talk

恋バナ、十人十色

（ここでは、いろんな考えや経験を披露してくれているけど、特定のセクシュアリティを代表したものではなく、すべて個人の意見です）

――本章では、二〇代の三人に「恋愛」をテーマにいろいろお話を聞いていきます。よろしくお願いします。

ヤマ・みかん・スイ：よろしくお願いします！

＊登場人物（すべて仮名）
ヤマ：パンセクシュアル（好きになる相手の性別を問わない人）で女性、社会人
みかん：ヨーロッパに留学中の大学生。男性を好きになる女性（ヘテロセクシュアル）
スイ：あともう少しで卒業間近な大学生。女性を好きになる男性（ヘテロセクシュアル）

【LGBTQ】
レズビアン（L）、ゲイ（G）、バイセクシュアル（B）、トランスジェンダー（T）、クエスチョニングまたはクイア（Q）の頭文字を並べた略称。いわゆる性的少数者のこと。

【クイア】
広く性的少数者を表す言葉。元は「おかま」「変態」みたいな悪口として使われていたが、当事者が「それで何が悪いの」と逆手にとり、今では肯定的な意味でも使われるようになった。

【クエスチョニング】
自分の性のあり方がわからない、決めていない、決めない人のこと。

◆好きな人との出会いを教えて！

――まず、みなさん、好きな人とどこで出会っているのか聞いてもいいですか？

みかん：まずはやっぱり学校かな？　同級生とか。

スイ：学校とか同じコミュニティにいる人。最近はマッチングアプリ使ってる。大学四年生にもなると、もう関係性の発展のしようもないから……。人間関係をこわすのもあれだし（笑）。大学に入ってから、身近な仲間内と付き合うのもいろいろ大変だってわかった。

ヤマ：高校生の時には、同級生と女の子同士付き合ってた。カップルブログをつくったのに、更新しているのは自分だけだった記憶（笑）。大学に入ってからは、ＬＧＢＴＱの人たちのサークル仲間のなかで付き合ったりしてた。最近はずっとマッチングアプリを使ってる。

みかん：私も今、付き合っているパートナーとはマッチングアプリで出会った。自分と似た環境にいる人がいいなと思って、同じ大学生の人を探してマッチングした。私の通っている大学の同級生がパートナーの高校の同級生だとわかって、その共通の友人に「どんな人？」なんて聞いて、大丈夫そうだったので会った。社会人や年上の人とマッチングした時は、なんとなく会うのが怖くて、結局リアルであったのは今のパートナーだけ。

ヤマ：三人ともマッチングアプリ使ってるんやね。

みかん：最初はマッチングアプリ怖いなって思ってたけど、以前付き合っていたパーゲイ・バイセクシュアル男性向けのアプリは、けっこう性能いいんじゃないかな〜。このへんは性別でも違うのかもね。

【Aセクシュアル】他者に性的関心をもたない人。

【トランス】出生時に割り当てられたのとは異なる性自認をもつ人。トランスジェンダー。

トナーと別れた時に勢いでインストールして、ヤケになって始めた（笑）。基本はたわいのない話から始まるけど、それでなんとなく合う・合わないかわかる。返信の頻度、タイミングでもわかるよね。

ヤマ：私はパンセクシュアルだから「どのアプリを使うか問題」がある。女性を探すならレズビアン向けアプリ、男性を探すなら異性愛者向けアプリ、あと中性の人向けのサイトもあった。でもレズビアン向けのアプリは、なかなか通知がこなかったりするのと、自分の好みと相手の好みがあまりマッチしない。あと私はレズビアン界隈ではあんまりウケがよくなかったのかも。マイノリティだと市場的にも小さいからか、アプリの性能もよくないことも多くて、結局メジャーな異性愛アプリのほうが使い勝手がいいんだよね。それで、今では異性愛向けアプリで男性を探してる。

スイ：ぼくは課金して使っているアプリがひとつあるけど、ＬＧＢＴＱの人がわりと使ってる。ぼくは女性が出てくるように自分で設定しているけど、Ａセクシュアルの人、トランスの人も、けっこう見かける。最近アプリの方向性が変わって、いろんな人が使えるようになったのかもしれない。

ヤマ：異性愛者向けアプリでも、けっこういろんな人いるよね。友情結婚したいゲイの人とか、Ａセクシュアルの人から足跡がついていたこともあった。

――みなさんはどんな人が好きですか？

スイ：しっかりしている人。自分の意見がある人がいいなあ。自分に優柔不断なところがあって、買い物ひとつするのでも迷ってしまうから、そういうところでバシッと男っぽさ、女っぽさって人によって違う。押しつけられるとイヤなのに、自分の頭のなかにも刷り込まれた「男っぽさ、女っぽさ」があって、自然にでてきちゃうこともあるよね。

決めてくれる人がいい。

ヤマ：中身でいえば、私を尊重してくれる優しい人がいいな。見た目では中性的な人が好き。めっちゃ男性っぽい人、めっちゃ女性っぽい人は苦手。あとは個性的な人が好き。メガネの人も好き。

スイ：めっちゃ女性っぽい人は、ぼくも話すの苦手。性格が男性っぽい女性が好きだな。

ヤマ：男性っぽい女性って、どんな感じ？　前に、自分で主導してお店を決めたら「男っぽい」って言われたことがあって、自分では男っぽいって思ってなかったから困惑した（笑）。

スイ：なんだろう、たとえば、ケンカしてもちゃんと言い返してくれる人。控えめじゃない人がいいな。

みかん：私は見た目より中身かな。しっかりしてる人。自分ができないことをパパッとできるとカッコいいなと思う。冷静に物事を判断できる人もいい。あと、共通の趣味があると話が合うからいいな。私は旅行が好きだから、一緒に旅行できたら楽しい。

スイ：趣味が合いすぎると、かえって合わないこともあるよね。今まで付き合ってきたパートナーは音楽の趣味が合うのに、「好き」のレベルが違ってた。向こうは「ガチ勢」だったから、こちらが「にわか」だと思われて、それでケンカになっちゃった。

◆「付き合う」の中身

――「告白」ってしますか？

自分はまさに「告白しなくてもわかるでしょ」派だったから、一年ぐらいデートしてて、あとになってから向こうに恋人がいたことが発覚したことあったな(汗)。

【ADHD】
ADHDは発達障害の一つ。多動・衝動性、不注意が特徴。たとえば、じっとしていることが苦手、忘れ物が多い、集中力が続かない、整理整頓が苦手とか、人によっていろんな特徴がある。

フラれることがわかってて告白することを「負け戦」なんて言うこともある。けど、なんで「勝ち／負け」って言うんだろうね。

みかん：これまで自分から告白したことはなくて、全部告白されてから付き合ってる。

スイ：ぼくは告白してから付き合うものだと思ってるけど、以前のパートナーは違うタイプで、関係性をもったらその時点で何も言わずに付き合ってると考える人だった。だから自分としては付き合ってないのに、向こうは一か月ぐらい付き合ってると思ってたことがあった。告白って概念がない人もいるんだなって。

ヤマ：私も告白してから付き合う派。私はADHDがあって、好きだと思ったらもう黙ってられないから、すぐ「好きです」って言っちゃう(笑)。待っていられない。宙ぶらりん、お互い好意がにじみでてるのに付き合いに発展してない、友だち以上恋人未満で待っているなんて無理。もどかしいから、はっきりさせたい(笑)。出会って○日で交際したりするから、うまくいかないことのほうが多いかも。すぐ別れちゃったり。

みかん：友だち以上恋人未満のもどかしさ、私はきゅんきゅんする(笑)。付き合う前にそれを楽しんで、相手のことをよく知っていく。

スイ：ぼくも友だち以上恋人未満は、それなりに楽しめるタイプ。でも、やっぱ不安になっちゃうから、長く待たずに、これは「勝ちが確定」だと思ったらいく(笑)。自己肯定感が低くて、失敗して気まずいなら何もしないほうがいいやってタイプだから、勝ちが確定しないといけない(笑)。

――恋人とはどれくらいの頻度で会いたいですか？

ヤマ：できれば毎日会いたい。でも、お互い予定があるから現実的じゃない。月一回

は最低でも会いたい。

みかん：私も今は遠距離で難しいけれど、本当は毎日会いたいな。最低でも週一回は会いたい。

スイ：ぼくも会えるなら毎日会いたい。それでも週二〜三回会えたらいいな。

ヤマ：毎日電話もしたいし、電話が無理ならＬＩＮＥで文字でもいいので連絡がほしいな。でも、これを重荷に感じる人もおるやんね。

みかん：ＬＩＮＥは毎日やりたい。電話はべつにそこまでかな……話すのがそこまで得意じゃないから。黙っててもそばにいると落ち着くし、やっぱり直接会いたいなって思う。

ヤマ：連絡頻度、同じくらいがいいと思ってる人同士のほうがうまくいく。

スイ：自分も遠距離恋愛だったことある。ＬＩＮＥをたまにして、電話はほぼしてなかったけど、今思うと、もう少ししておけばよかったたって思う。文字だけだと伝わらないことが多い。顔を見るだけでもだいぶ違う気がする。同じく遠距離だった友だちは、特に話すとかではないけど、ほぼ毎日テレビ電話をつけてるって言ってた。

ヤマ：男性と付き合ってデートする時びっくりしたのは、外で手をつなげること。女性と付き合ってると、外で手をつなげない。だから「手をつないでデート」に憧れ（あこが）があって、今でもデートで手をつないで歩くのが好き。街中に買い物に行ったり、カフェでお茶したり。

みかん：私も外で手をつなぐの好き。手がふさがって不便でも好き（笑）。近くの気になるレストランとか、行きたかったカフェに二人で行く。テーマパークに行ったりとああ、切り替えの早い人、うらやましい……。

かはあんまりしないけど、誕生日にディズニー行ったり……。
ヤマ：外にデートに行くのもいいけど、ベタベタしたい派なので、おうちデートのほうが好きかも。
みかん：おうちでのんびりして、たまに遊びに行くのがいい。
スイ：外でデートして、新しい発見や学びをパートナーと共有できることがうれしい。近くのカフェとか水族館、テーマパークも。今行くとしたら体験型のイベント、「脱出ゲーム」に行きたいな。

◆恋愛がうまくいかない時

――失恋した時は、どうしますか？
ヤマ：友だちに話を聞いてもらう。それで、はい次！　その日のうちにアプリを再インストールして、新しい人を探す（笑）。
みかん：私も次の恋を探さないと忘れられないから、速攻次の恋を探す（笑）。
スイ：ぼくもアプリは入れるけど、しばらく引きずっている。めちゃめちゃ引きずるタイプなんだよね。次にいこうと思っても、できない。最初は特に感じないのに、後から「遅効性（ちこうせい）の毒」みたいな感じで、なんかじわじわくる……。
ヤマ：「はい次！」ってしてるけど、ムリヤリそうしてる部分がある。スカッと切り替えられてるというよりは、失恋の痛みをどうにかするためにしてる。
スイ：ある程度ムリヤリ前にもっていくほうが……なるほど勉強になります（笑）。

もしかしたら、ケンカというよりは、意見を言い合っているという状況かも。ただ意見をのみ込むのではなく、お互い建設的にお話するのはよきだよね。

夜は寝よう。そして夜の買い物は、いらないもの買っちゃうからやめよう。とりあえず休憩として、話し合いを次の日に持ち越してもいい。

――恋人とケンカしますか？

みかん：お互い、なにかのきっかけでキゲン悪くなって、二人とも黙って「わ〜、空気悪いな！」ってことはある。ちょっと時間をおいて仲直りして大丈夫になる。言い合いになっちゃうことはあんまりない。

ヤマ：おとなになってから、ケンカするようになった。昔はケンカしなかった。相手に強く言われると私が悪いんや、ガマンしたらまるく収まるって思っていたから、ケンカに発展しなかった。最近付き合った人は、ケンカに発展するだけマシなのかなと思う。

スイ：前のパートナーとはけっこうしてた。ぼくが地雷を踏んで向こうが怒っちゃうパターンが基本。向こうが怒ったら、ぼくが悪いんだと思ってた。でも、なんか今思い返すと、「なんでこれで怒られてるんだろう」って内容のものもあったな。ここで言い返してもなと思って、謝るのに徹してた。今思うと、あんまよくないな。ヤマさんみたいに、ケンカできたらよかった。

ヤマ：理想をいえば、ケンカと話し合いは違うから、ケンカっぽく険悪なムードになって言い合いになったとしても、冷静に話し合えるといいなぁ。

スイ：ＬＩＮＥでド長文を送り合ったりしてた。いいことないよね。読むのが大変だし、それの反論の文章を書かなきゃいけない。朝の四時まで続くのが何度かあって、「ケンカしたらその日のうちに終わらせる」って提案したことある。体力的にもたなかった。ＬＩＮＥするんじゃなくて、直接会って話し合ったほうが絶対いい。ＬＩＮＥでやりあっていいことなんてない。

みかん：今のパートナーは遠距離なこともあって、私が他の男性と遊んでいると嫉妬(しっと)しちゃうみたい。そうやって嫉妬されていくうちに、私のほうもパートナーに嫉妬するようになった。パートナーが遊びに行く時、同じグループに女の子がいると嫉妬しちゃう。

スイ：それって条件、けっこう厳しいね。

みかん：パートナーは、女の子の友だちがほとんどいないんだよね。基本は一人旅とかしていろんなところに出かけて、遊ぶ時も男子二〜三人。だからグループで出かけている時に女の子がいると、「珍しい」と思って嫉妬しちゃう。「遊びに行かないで」とは言わないけど、「え、いいなー、うらやましいな」とか言っちゃう。

スイ：わりと遠回し（笑）。

みかん：でも、自分が嫉妬することで相手の行動を制限したくないとも思ってる。相手がやりたいことを止めたくない。そうしたら私のことが負担になっちゃうし。

スイ：ぼくは高校も大学も、仲のよい友だちに女性が多くて、女性とサシでご飯食べたりするのが多いから、そのことで嫉妬されることがけっこうあった。でも、自分としては交友関係がなくなっちゃうから、嫉妬されてもどうしようもない。だから、パートナーが男性と遊んでいても、それなりに嫉妬はするけど、自分がそれを言うのは違うだろうってガマンしてた。

ヤマ：私もわりとパートナーに嫉妬しちゃう。でも、言わない。自分もいろんな友だちと遊びたいから。これまで複数の男性から言われたのが、「友だちと遊ぶ」「友だちとＬＩＮＥする」って言った時に「相手は男？　女？」って聞かれるやつ。たぶん男性と出かけたり、男性とLINEしていたらイヤだから、そう聞かれるんやろなって思う。でも、私はパンセクシュアルなので、だれとでも恋愛関係に発展する可能性がある。「女の子と二人で遊ぶ」だってデートかもしれないから、相手の性別を聞いてどうするんやろって思う。

スイ：パートナーさんは、ヤマさんがパンセクシュアルだと理解したうえで聞いているの？

ヤマ：その質問をしてくるあたり、理解してないと思う。出会って日が浅いと、セクシュアリティのことを説明しても、理解してもらうのが難しい。あるいは理解していたとしても、自分と同じ男性と会ってるとなると、嫉妬するのかも……。以前、バイセクシュアルのパートナーと付き合った時には説明不要でスムーズやってたんけど、だれと遊ぶにしても目を光らせていた……。説明の必要はなかったけど、かえって厳しくなっちゃった（汗）。ときどき「男女の間に友情が成立しない」論者がいるけど、そういう人の話を聞くと、パンセクシュアルの私は友だちがだれもいなくなっちゃうことになる。それってどうなん（笑）。

◆恋人とどんな関係でいたい

――結婚はしたいですか？

みかん：結婚したいな。まだ私は二〇歳だから、今はいいかなと思ってる。でも、いずれしたい。二〇代のうちにしたい。子どもほしいから、そうなるとあんまり遅いとあれかな～とか。結婚式も、親に感謝を伝える場所としてやりたいな。

【バイセクシュアル】
男性も女性も恋愛や性的関心の対象となる人の意味。パンセクシュアルと大きく意味は重なるが、「バイ」とは「二つ」という意味で、性別が二つしかないような響きがあることから、パンセクシュアルという言葉を好んで使う人もいる。

日本人は、だいたい三〇歳ぐらいで結婚しているみたい。結婚しない、できない組み合わせの人もいるけど。

スイ：ぼくも結婚したい。この人と一緒にいられるならがんばれる人、最後まで一緒にいられる人が、どこかで見つかるといいなと思ってる。もうすぐ大学卒業なんだけど、社会人になった先輩から「社会人になると出会いがないよ」って脅(おど)されてるから、ちょっとあせりを感じているんだよね。大学生のうちに、関係が続くパートナーが見つからなかった。今後どうしたもんかなぁ。

ヤマ：付き合う相手の組み合わせで、結婚できる・できないが決まってくるなぁ。ずっと一緒にいたい人が男性だったら、「社会保証パック」としての結婚はアリなのかな。今まで付き合ってきたパートナーのなかには、法的に結婚できない組み合わせだった人もいたから、結婚できるってすごいな。結婚できるなら、するかなって思う。

スイ：法的に結婚していることでの社会的信用ってあるよね。

ヤマ：そうそう、相続できるとか、家族扱いしてもらえるとか。同性カップルだと、家族だって説明しても、手術の説明を聞かせてもらえないとかってある。相手との性別の組み合わせで、できたり・できなかったりするのは変な感じする。前にトランス男性のパートナーがいたけど、もう全然、外見では男女カップルなのに、戸籍上は女同士だったから結婚できない組み合わせだった。その時、結婚したいって願望が強くて、男女なのにどうしてできないのって、すごく理不尽に思ってた。

スイ：今の日本だと、紙に記録されたデータ上の性別だけで結婚できない。

ヤマ：そうそう。あとは、結婚は今の法律だと名字(みょうじ)が変わってしまうかもしれないことも複雑やな。基本は女性のほうが名字を変えるって風潮あるでしょ。男性が名字を変えることもあるけど、あんまり多くはない。

――付き合った相手に求めることは？

スイ：どんな小さな不満でも、お互いに言えるような関係がいいなって思う。小さいことの積み重ねで「まあいいや」とガマンしてると、かなり大きな不満になっていって、相手をマイナスにばかり見るようになって関係が悪くなっちゃう。マイナスなことでも話し合えるような関係性にしたい。

みかん：相手がそばにいない時にも、お互いに自立していられるのは大事だよね。お互いが依存の関係だと、最終的にうまくいかなくなる感じがする。

ヤマ：二人の話を聞いて、ほんまそれやな〜って思ったんだけど、私はまず「女性らしさを押しつけないでほしい」というのが先に出てくるな。相手に求めたいことなのに、それより自分の性別のことが気になっちゃう。「女なんやし、化粧しいや、スカートはきや、部屋かたづけや、料理しいや」とか、そういうことを言わないでほしいってのが出てきちゃう。私も、自分が好きで、好きなタイミングでお化粧やスカートをはくのは全然する。でも「してよ、女なんだし」と言われるとイヤ。

みかん：私もそれはイヤだな。女なんだからって、理由にならない。

ヤマ：髪を伸ばしてほしいと言われたりする。だけど、私は自分のショートヘアが好きで変えたくない。付き合っている人に求めたいこと、本当は私も二人が言ってるようなことをあげたい。

スイ：相手が「どう思う？」と聞いてこないかぎり、相手の容姿については自分から言うことはないな。「短いのと長いの、どっちがいい？」と聞かれても、「どっちもか

【FX、投資信託】
ともに金融商品。FXはうまくいくとお金をたくさん稼げるが、いっきにお金を失うハイリスク・ハイリターンなもの。一方、投資信託は利益も損失も地味で比較的ローリスク・ローリターンな投資方法。

わいい」って言う。

ヤマ：自分の彼女をカスタマイズしようとする人には、「最初から髪長い子と付き合えばいいやん。なんでやん⁉」って思う。

スイ：どこまでが自分の価値観の押しつけなのか、相手が気づかずに言ってることもありそう。性別のことから話がズレるけど、ぼくはバスタオルを週二回洗うけど、前に付き合ってたパートナーは毎日洗う人だった。で、それを知られて、向こうにドン引きされちゃったことがあった。

ヤマ：付き合うって、価値観のすりあわせの部分あるね。

——最後に、この本を読んでいる一〇代の読者に一言お願いします。

みかん：恋愛にかぎらず、学校のこと、人間関係のことなどで悩みが絶えない時期だと思う。私自身も、受験に失敗したり、片想いしていた人に恋人ができたり、辛いと感じることがたくさんあった。人は失敗して強くなるなんて言うけれど、私は弱いままでもいいんじゃないかと思う。ありのままの自分を受け入れてくれて、心から落ち着ける人や場所を見つけると、今を生きる力になると思います。

ヤマ：この本を読んでいる人のなかには、「自分は他の人と違うな」と思って悩んでいる人もいるんじゃないかな。でも世界は広いので、あなたと同じような人がきっといる。一人で悩んで抱えこまないことが大事。本を読んだり、インターネットで調べたり、いろんな人に会いに行くのもいい。

スイ：恋愛はFX、友情は投資信託(とうししんたく)だと思ってます。恋愛は得られるものも多いけど、失うものも大きい。友情はその逆で、しかも得られるものが多い場合だってある。何が言いたいかというと、恋愛がすべてじゃないってことです。自分がいちばん幸せになれる人間関係をつくっていくのが、自分を生きやすくさせると思います。

恋愛の話をワイワイするのって楽しいな！

恋愛観、人との関係の持ち方は人それぞれ。そして、お父さんやお母さんだって夢中で誰かに恋したことがあるはず！　時間の経過によって関係性も変わる。恋愛関係にかぎらず、いろんな人といい関係がつくれるといいね。

嫉妬の気持ち、わかるな〜。もっと自分のこと見て！　って求めたくなっちゃう。それを友だちに相談したら、「それって自分に自信がないってことだよね」って言われて、ハッとしたことがあったんだ。いろんな経験を重ねていくなかで、そういった嫉妬の気持ちも少なくなってきた気がする。

一〇代も二〇代も、お互いに自立していない同士のカップルの破綻例はいくつも見ているけど、恋愛の破綻の原因は、すべて相手のせいであり、自分は悪くないって思っていることが多い。経済的な自立、精神的な自立は、パートナーシップを続けるうえで、相手にも自分にも要求しなければならないスキルではないでしょうか。

"トーク&トーク"

talk & talk

LGBTQ×ティーン＝山あり谷あり!?

この章では、LGBTQな人たちで集まって自分たちのこれまでの人生について振り返り、語り合ってもらいました。

＊登場人物
みのる：二〇代後半、フリーのイラストレーター。Xジェンダー
かおり：三〇代前半、営業職。バイセクシュアル女性
じゅんじゅん：二〇代後半、トランスジェンダー女性、YouTuber

◆私たちが一〇代だった時のこと

――最初にみなさんの自己紹介をお願いします。

みのる：水乃みのるです。二〇代後半で、現在はフリーのイラストレーターをしてい

【バイセクシュアル】
男性も女性も恋愛や性的関心の対象になる人のこと。あるいは、性別にかかわらず人を好きになる人。

ます。セクシュアリティはXジェンダー（性別を分けない生き方）で、女性から男性に性別移行したあと、現在はセクシュアリティをカミングアウトして生活していま す。不登校の経験者でもあります。

じゅんじゅん：じゅんじゅんです。二〇代後半でMTF（男性から女性へのトランスジェンダー）です。現在は戸籍の性別も女性として暮らしています。トランスジェンダーであることをカミングアウトして、YouTuberをやっています。YouTubeで「じゅんじゅん」と検索したら出てきます。YouTubeでは、昔はトランスジェンダーのことをすごく話してたけど、最近はファッションやコスメの話をしたり、ゲームチャンネルをやったり、自分の好きなことをやってます。YouTuberをしながら、ほかに接客業もしています。

かおり：かおりです。三〇代前半で、営業の仕事をしています。バイセクシュアルで、性自認は女性です。大学時代から付き合いはじめた女性のパートナーと、あとはネコと一緒に暮らしています。

じゅんじゅん：私もネコ飼ってます！

みのる：うちにはカメがいます（笑）。

——みなさんの一〇代の時の話を聞かせてください。

じゅんじゅん：中学の時、好きだったのは『金色のガッシュ‼』。マンガは全巻もってた。アニメも観てた。

みのる：『金色のガッシュ‼』は、自分もサイン会に行きました。

じゅんじゅん：あと、倖田來未が好きだった。「マジック」という曲が特に好きだった。歌詞がすごくよくて……悩んでる時に聴いてほしい曲。この歌が当時の私だった感じ。

かおり：中高はオタク人生ですね。中学生の時は『テニスの王子様』『封神演技』を全巻買いそろえてました。高校の時には、毎月おこづかいを握りしめて大きな書店で買い物するのが楽しみだったな。今の私はモーニング娘。にハマっているんだけど、中高生の時にはスルーしていたので、それはちょっと後悔しています（笑）。

じゅんじゅん：中学校は、一瞬だけ剣道部に入ったけど、先輩にいじめられてやめた。小学高学年の頃から学校にあんまり行かなくて、中学校もほとんど不登校だったな。中学三年生の最後だけ「学校って楽しい！」と思える時期があった。ちょうど『花ざかりの君たちへ』という、女の子が一人だけ男子校に通うという設定のドラマがやってて、それを観て「自分はこれだ」と思った。主人公のみずきは、女の子なのに男装して学校に通ってる。自分も同じだ、と思って、みずきに自分を投影しながら観てた。それで、中学三年生の最後に学校に行くようになった。

みのる：『花ざかりの君たちへ』は自分も観てたけど、ちょっと複雑だったな。

じゅんじゅん：そうなの？

みのる：僕は小学校から中学一年生まで女子として学校に通って不登校になり、中学二年生の時、転校をきっかけに男子として学校に通いはじめたんですね。「埋没（まいぼつ）」っていうんだけど、トランスジェンダーであることを伏せて、完全に男子という設定で生活してたんです。それで中学生の時に、ちょうど『花ざかりの君たちへ』がドラマでやっていて、それを観てた同級生に「おまえも実は女だったりして」なんて疑われたことがあって。そういう意味では、あのドラマにはちょっと恨みがある（苦笑）。

じゅんじゅん：すごいね、それって先生も協力的だったってこと？

みのる：そう。転校する前に保健室の先生に相談して、「男子として通学させてください」ということで……。

じゅんじゅん：ドラマと同じじゃん（笑）。

かおり：私はＢＬが好きだったから、『花ざかりの君たちへ』で先生がゲイという設定に惹かれて、先生のキャラが好きだから読んでた。

【ＢＬ】ボーイズラブ。男性同士の恋愛を描いた作品。

◆まわりと違う自分、どう受けとめた？

――セクシュアリティについて悩んだことはありましたか？

みのる：小学五〜六年生の時に、自分はＦＴＭ（女性として生まれ、男性として生きようとするトランスジェンダー）なんだと確信した。ＦＴＭだとわかったら安心感があって、そのあとは平気だった。中学から男子として通学して、それがすごく自分には合うことがわかったから、学生の時には性別のことではほとんど悩まなかった。

かおり：高校生の時、自分の感じ方は他の人たちと違うのかもしれないと思ったことがあった。女子校に通っていたんだけど、同級生に女子同士でいちゃいちゃしてる子がいたのね。で、当然二人は付き合っているもんだと思ってたのに、その子には彼氏もいるって聞いて、「あの二人は付き合ってなかったんだ」とびっくりしたりして。その頃、「好きかも」という子ができて、セクシュアリティについて調べて「自分はバイ

セクシュアルなのかも！」と思った。バイセクシュアルだとわかって安心した。
じゅんじゅん：最初に気がついたのは性的指向（好きになる相手の性別）のこと。男の子が好きだとわかってたから、自分はゲイなんだと思ってた。それで数年間、自分のことをゲイだと思っていたんだけど、そのあとに自分は「彼氏」として男の子を好きにならないいんだとわかった。二次性徴で体毛が生えてくることがとても気になったり、通っていた学校では男子はパンツ一丁で身体測定をさせられるんだけど、それがすごくイヤだった。修学旅行のお風呂も、みんなで一緒に入るなんてありえないと思って、休んでた。自分が、なんでここまでイヤな気持ちになるのかわからなかった……。トランスジェンダーだとわかったのは、二〇歳ぐらいになってから。
みのる：セクシュアリティ関係の情報は、主にネットで探したな。
じゅんじゅん：自分も。あと、中学生の時にバイセクシュアルの友だちが周りに二人いた。
かおり：ネットも見たし、あとは学校の図書館や、池袋の大きい本屋さんに行って、ちょっとでもＬＧＢＴのことが書いてある本を探して読んだ。当時読んで衝撃的だったのは、上野千鶴子さんの本。それまで自分は、結婚してない人を見ると「なんで結婚しないの？」って思ったり、男らしさとか女らしさとかを重視したりしてるタイプだったから、カルチャーショックだった。考え方がすごく変わった。遙洋子さんの『東大で上野千鶴子にケンカを学ぶ』（筑摩書房）にマーカーを引きながら読んだ。
じゅんじゅん：高校は芸能の学校に行ってた。学校の授業が午前中だけで、午後からレッスン。演技と歌とダンスばかりやってた。男の子が好きなことはみんな知ってなんでも性別で分ける習慣やめてほしいよね。キッチンなのかオーダーをとるのか、得意なほうを選ばせてほしい。性別じゃなくて。

「生活に影響がある」ってなると、自分のほうで対応を迫られる感じあるよね。治療、カミングアウト等をするかしないかのラインに影響しそう。

て、「好きな男の子だれなの〜」と、女の子と盛り上がったりしてた。じゅんじゅんって呼ばれて、そういうキャラとして受け入れられていた。そのあと劇団四季に入ったら、性別で役が決まってしまうことがわかった。本当はかわいい感じのキャラクターがよかったのに、『ライオンキング』のハイエナダンサーに選ばれた。先輩の映像を観たら、めっちゃマッチョでショックだった。『ライオンキング』はいくつかの役を演じるんだけど、他の役も上半身裸だったり、髪を短く切ったり……限界だった。

「これができない、嫌悪感（けんおかん）がある自分ってなに⁉」と思った。そこであらためて自分ってなんだろうって。しゃぶしゃぶ屋さんで働いてても男女差がある。男はキッチン、皿洗い、女はオーダーをとるって……。劇団四季でも、しゃぶしゃぶ屋さんでも、私は男に分けられる。自分で思ってることとズレてる、「私は女性だ」と表現しないといけない！　となって、女性として生きようと決めた。そこから性別適合の治療を始めた。

みのる：手術やホルモン療法が必要な人もいるし、そうでなくても生きられるトランスジェンダーもいるよね。僕も昔は、自分は当然男性ホルモンを打って手術をするものだと思っていたけれど、就職する時に、自分が違和感をもつのは身体ではなくて、周りからの扱われ方だと気がついた。就職するタイミングで、治療を始めるかどうか迷って「にじーず」に参加した。「にじーず」はLGBTやそうかもしれない若者のためのグループで、それまでLGBT当事者の集まりに参加したことはなかったんだけど、はじめていろんな人と出会えた。そこで、自分は治療をしないでいいかなと思った。

親にわかってもらえないのは辛いけど、わかってもらえなくても言いたいことを伝えて自分のなかでスッキリしたなら、それはすごく大切なことかも。

◆家族にカミングアウトした時のこと

――家族との関係について、どうでしたか？

みのる：いちばん大変だったのは、親へのカミングアウトだったかな。なんでも家族に言う家だったから、小学生の時に「ＦＴＭかもしれない」って最初に親に話したけど、はじめはよくわかってくれなかった。「男子として通いたい」という本気度を伝えるのが大変だった。

かおり：大学生の時、付き合った彼女と今も一緒に暮らしているけど、そこでの葛藤は「親の期待に添えない生き方になってしまう」ということがいちばん大きかった。今思えば、そんなこと気にしなくてよかった。二年前、家を買う時に「このタイミングしかない」と思って親にカミングアウトしたんだけど、失敗した。「私はがんばって育ててきたのに、なんでこうなっちゃったの」と泣かれたり、暴言を吐かれたり……。

みのる・じゅんじゅん：おお（汗）！

かおり：お手紙を用意して、いざ読みはじめたら、一行目で自分も号泣(ごうきゅう)しちゃった。救いだったのは、弟の妻がその場にいて、ずっと「大丈夫、大丈夫」って言ってくれていたことかな。

じゅんじゅん：家族へのカミングアウトのタイミングは二回あった。最初は、小学生の時、ネットで知り合ったゲイの子とパソコンでメールしているのを見られて、お母さんに「男の子が好きなの？」と聞かれて「そうだよ」と答えた。二回目は、劇団四季をやめてからクリニックに通って、性同一性障害の診断書が出た時、それをケータ家族それぞれに価値観があるからこそ、受容にはそれぞれのプロセスが必要なのかもね。

イのカメラで撮ってメールで母と兄に送った。「性同一性障害だから性別を変えます」と言ったら、「どうせ止めてもやるでしょう」と母から返信が返ってきた。兄は、秒で理解してくれて「妹ができた！」って、むしろ歓迎してくれた感じ。おばあちゃんの家に行く時は、びっくりさせないように、はじめの頃は長い髪を隠して、すっぴんで、兄のパーカーを着て変装してたけど、私にも意地があるから（笑）、戸籍を変えてからは普通に、いつもどおりの格好で今は会いに行ってる。おばあちゃんは「なにをしてもいいけど、警察にはお世話になるなよ」って言ってた。

◆読んでいる人へのメッセージ

――一〇代を振り返って思うことをどうぞ。

みのる：自分の心に従って男子として通って、自分的に一〇〇点の暮らしができて本当によかったと思う。小学五年生から中学一年生まで「女子としてがんばろう」と苦労して学校に行って、そのあと不登校になったんだけど、もっと早く不登校になってたらよかったんじゃないかって、今では思ってる。不登校になったことで、親が真剣に話を聞いてくれるようになったから。苦労して女子として振る舞おうとしたり、学校に行きたくないのに無理に行ってたけど、それはしなくてもよかったな。

かおり：今振り返ると、一〇代の時は生きづらかったなぁと思う。中高生の頃も、すごく親の期待に合わせようとしてた。高校の時も、母親が一緒にいてほしいと思ってるから、友だちとは遊びに行かないとかよくあったし……。進路選択も、就職に有利だよって母に言われたから理系に行ったけど、本当は文系のほうが好きだった。親に

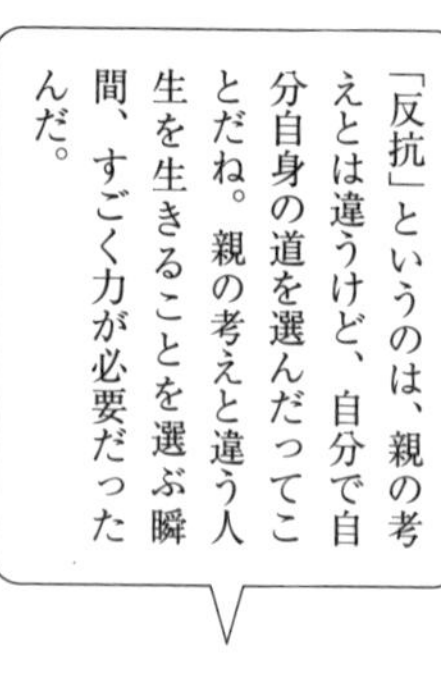

は公務員を勧（すす）められたけど、女性と暮らすなら手に職がいいと思ってベンチャー企業に進んだのが、最初の反抗。そこから、自分で決められることが増えていった。もっと自由に選べてたら、中高生の時、ラクだったんじゃなかったかな。

じゅんじゅん：私は、自分の悩みをずっと過小評価してたんだと思う。たとえば、二次性徴で体毛が生えてくるのがイヤだったのは、自分にとっては超重要なことだった。つるつるに処理してるのを周りからバカにされて、体毛のことで悩んでいる自分のことも隠していたけど……。大事なことだと受けとめて、素直に他の人に話したりしてたら、もっと自分を深く知れたかもしれない。

　劇団四季をやめる時に、お世話になった先生に電話で「じゃあ、それだけ悩むことは、それだけ大切なことだね」と言ってもらえたことがあった。まるごと抱きしめてくれたような気持ちで、二一歳の時、やっとそれで自分のなかで答えが出た。本当は大切なことだったんだって。この本を読んでる人にも伝えたい。あなたが悩んでることは、それだけ大切なこと。大切にしてあげてほしい。

かおり：この本を読んでいる人たちには、おとなになると楽しいことがいっぱいあるよ、って伝えたい。一つ歳を重ねるごとに、一つラクになってる。おとなになった私は、自分でお金を稼いで、家も買って、ネコもいて、パートナーもいて、そうやって一個一個積み重ねてこられたことを本当によかったと思ってる。おとなになって自分でできることが増えるとラクになるよ、って言いたい。

みのる：どうか「普通」に固執（こしつ）しすぎないで。優等生とか、普通とか、よく聞こえるけど、結局はみんなそれぞれだから。普通であることが幸せとはかぎらないし、外れたほうが楽しいこともある。普通から外れたら終わりじゃないし、外れるのも悪くない。いろんな選択肢をもってほしいな。僕には不登校の友だちがけっこういるけど、不登校になった後、大学に入って、いわゆる普通っぽいルートに行く人もいるし、そのまま自由気ままに生きていく人もいる。自分のやりたいことは自分にしかわからないから、周りが「なんだ、この子!?」と言ってきたって、あまり気にしなくていい。

じゅんじゅん：外の世界を知るまでは、絶対にあきらめないでほしい。外の世界を知らないまま、絶望しないでほしい。外の世界には絶望することもあるけど、それを打ち消すほどの幸せもあるから、それを信じていてほしいです。

——ありがとうございました！

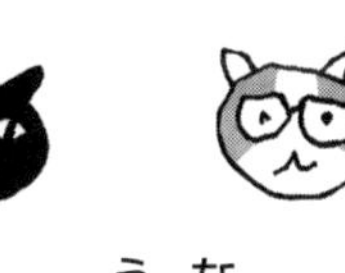

LGBTQと一口に言っても、みんなそれぞれ違う人間で、得意なことも夢もみんな違う。異性が好きな人も、性別に違和感がない人も、ここに出てきた三人と同じように、自分らしさについて悩んだ経験をもつ人もいるんじゃないかな。

みんなが話してくれたように、家族や親戚、友だち、クラスメイトや部活の人、先生、職場の人とか、いろんな人と関係をつくるなかで、性別やセクシュアリティのことが関わってくるんだよね。それはシスジェンダーで異性愛の人でも、LGBTQなどに当てはまる人でも。それが社会の「普通」に当てはまらないと、とたんに生きて

【シスジェンダー】
トランスジェンダーではない人。

【ノンケ】
LGBTQではない人。

いくハードルが高くなっちゃう。でも、こうやってサバイバルしてきたちょっと先輩の姿を見て、自分を肯定できたり、周りの人を尊重できるようになったら、ぼくたちもうれしいな。

このあいだ会った人が、LGBTQなどに当てはまる人に会うと身がまえてしまう、と言っていました。LGBTQなどに当てはまる人には会ったことがないっていう人もいるけど、クラスに何人かは絶対いるんだよね。みんな会ったことがあるはずなんだけど、お互い面と向かって「私はLです」とか「私はノンケです」とは言わない。だから、わかんないんだよね。だからこそ、すれ違ったり、溝ができちゃうんだよね。これが大きくなって、恐怖とか偏見につながっていくのかなと思ったよ。

そして、三人がこうやって楽しく話をしてくれたのは仲間同士だからで、ノンケの人の前では同じテンションで話せないんじゃないかなと思った。ラフで大切なお話を本当にありがとう。LGBTQにかぎらず、生まれながらに人と違うところがあると、早めにモヤモヤがくるけど、それって悪いことだけじゃないかも。モヤモヤの晴らし方を身につけたら、こっちのもん！　その先の人生を、だれよりも楽しんじゃおう。

ワケあって家出をしてみたらわかったこと

私（武田）は一〇年ほど前、一〇代向けのフリースペースで働いたり、学校に出向いて保健室で中高生から相談を受けたりと、一〇代に近い立場（ピア）のオトナとして一〇代を支える仕事をしていました。

その時に出会った中高生とは、その後、縁あって再会することもありました。

今回お話を聞かせてもらったのは、そんな元中高生のなかでも、一〇代で家から出るという経験をした、かな、けん、ゆうとの三人（すべて仮名）。三人は、家出をするなかで、思いどおりにはならない経験を乗り越えて、今は自分の決めた道を歩んでいる素敵な面々です。三人それぞれに、家出を通じて見えてきたことや乗り越えてきたこと、乗り越え方などについて、インタビューさせていただきました。

【ピア】
仲間という意味。同じような立場や境遇、経験などをともにする人たち。

家出したら、自分がガマンしてたことがわかった――かなの場合

かな：私、そもそも小学生の頃から帰りたくない病だった。中学に入ってからは、母親から荒れた兄と比べられて、「お兄ちゃんみたいにならないで」って言われたのが、今でも忘れられない。母親がいっぱいいっぱいになっていることも含め、たぶんそう

かなの発したメッセージをしっかり受け取ったお母様に拍手。

いうのが全部面倒で、きょうだいでも他人だし、私は私だって思って。それで家出した。

武田：実際、家出って、どんな感じだったの？

かな：家出する時は、一人じゃなくて友だちとした。理由はわからないけど、たぶんお互い帰りたくなかったし、一人よりは数人でいたほうが、安心感があった。家には一日二日帰らないこともあったけど、二週間くらい帰らないこともあった。お金は親からもらったり、その辺にいたよく会うおじいさんが、たまにご飯連れてってくれて、お金もくれたりした。道ばたで会った人たちのところを渡り歩いたり、ネットで知らない人と会ったりもしてた。

武田：家出中のよかったこと、悪かったことは？

かな：よかったことは、その場かぎりが多かったけど、いろんな人と出会えたことかな。たとえば、普通に学校に行って、まじめに生きていたら関わるはずのない人たちといっぱい出会った。学校以外の場所で、自分で人生経験を積んだ感じ。悪かったことは警察に捕まったことと、いろんな人に迷惑かけたこと。

武田：後悔をしている？

かな：一〇年たった今は、家にいたほうがよかったんじゃないかって思う。けど、いろいろ経験したからこそ、家とか家族のありがたみがわかった。家にいたらいたで、ずっと家族とすれ違いのままだっただろうし。

当時、警察に捕まった私を、母親が迎えに来てくれた。帰りに私をファミレスに連れていって、「好きなもん食べな」って母親が言ってくれて、スイーツを食べた。そこでようやく、私って自分のことばっかで、周りが見えてなかったなって反省できた。自分が人殺しレベルの犯罪をするようにならなくて、本当によかった。

家出したことで、結果的に母親と話せるようになった。もちろん今まで言われたこととか、されたことは忘れられない。でも、母親がきちんと迎えに来てくれて、私も悪いことしたなって思って、徐々に打ち解けていった。

武田：かなの家出は、お母さんとの関係をよくしたんだね。それからは、どんなふうに生活してるの？

かな：中学卒業して、通信高校行って、バイトして、大学行って、一人暮らしもして、無事に大学を卒業した。その後は就職しないで地元戻って、今もぷらぷらしてる。私って、たぶん何かに縛られるのが嫌いなんだな。

武田：一〇年前の自分に、今の一〇代にメッセージを！

かな：家飛び出した時点で、もう人に迷惑かけてる。だから、そもそもこれ言ったら迷惑かかるんじゃないかな？　とか考えないで、思ったことは思った時に発言しましょう（笑）。自分だけで考えて、ガマンしすぎないこと！　伝えることって、とっても大事だと思うから。

ホストやって、フリーターやって、大学行ったよ――けんの場合

■親の離婚に振り回された

武田：幼い頃は、どこで生活していたの？
けん：両親は僕が幼い頃離婚して、そのあと母方の祖父母と母親の兄弟と一緒に暮らしてた。
　小二の時、母親と母親の兄弟と僕で別のマンションに住むことになったけど、母親が、あるおじさんをよく連れてくるようになった。母親の兄弟は出ていってしまって、僕と母親の二人暮らしが始まった。相変わらず、おじさんはうちによく来ていたけど、僕は、よく来るおじさんだなー、ぐらいに思ってた。
武田：それがまさか、母親の彼氏とは思っていなかったんだね。
けん：ある日、知らない女の人がうちに来て、母親と大ゲンカをした。それがおじさんの嫁だった。今考えると、これがきっかけで、僕は母親と祖父母の家のそばに引っ越した。
　引っ越してすぐ、母親がいなくなった。だから、僕は祖父母の家に行って、母親が帰ってこないことを伝えた。一か月後に母親は帰ってきて、僕に謝った。それから一年後に、また母親はいなくなった。二回とも、おじさんと駆け落ちをしてたらしい。
武田：このあたりで状況がわかってきたわけね。
けん：さすがに理解してきたね。母親はまた帰ってきたけど、僕の、母親に対する信頼は、ゼロになった。

僕は、母親が好き勝手するなら自分も好きにやりたいと思った。だから、中学受験をしたいと主張して、自分の行きたい中高一貫校に入ることができた。

武田：なるほど。イヤな思いをした分、自分の主張を通して、自分が選択した学校に入ることができたんだね。

けん：うん。中学校生活は楽しかったけど、おじさんと母親の関係はそのあとも続いていった。

おじさんは前よりも頻繁(ひんぱん)にうちに遊びにくるようになった。僕は、だんだんその意味がわかってきて、気持ち悪くて、浴槽(よくそう)につかることができなくなった。母親がつくってくれたご飯も、自分の部屋にもっていって食べた。どうしてもイヤな時は、祖父母の家に行った。

武田：近所の祖父母の家が、ある意味、逃げ場になっていたんだね。

けん：うん。そういう場所が僕に存在したことはよかった。あと、学校のカウンセラーにも相談をしてた。

武田：そうなんだ。カウンセラーとはどういうふうに出会ったの？

けん：中三の時、おじさんと母親は再婚することになったんだけど、その前くらいに、担任が「おまえ、家のことで悩んでいることあるだろ」と、学校に来ているカウンセラーに僕を会わせようとした。だから僕は「イヤだよ。それに、タバコすいてーよ」と担任に言った。そしたら担任が、「ちょうどいい。カウンセラーと僕はタバコ友だちなんだ」って言ったんだ。それで僕は、カウンセラーに会ってみることにした。

武田：面白い先生だね。カウンセラーは話しやすい人だった？

子どもだけでは状況を言葉にするのが難しかったり、家族だけでは家族の状況や子どもへの影響に気づき、改善することが難しかったりする。カウンセラーがその整理に手を貸してくれたんだね。

けん：うん。その人は、年の離れたお兄ちゃん、という感じの人だった。僕は家のことを話したら、彼はそれを聞いて、何がイヤなのかって率直に聞いてくれた。それから、彼がいる時は毎日会いに行って話をした。だから、彼が学校に来ない登校日は、けっこうしんどかった。

武田：そっか。誰かに話したい気持ちがどっかにあったんだね。

けん：その人だったから話せたんだと思う。それに、再婚の前に母親とカウンセラーと僕で三者面談をしてくれた。彼は僕が思っていることを代弁して、母親を怒ってくれた。その時は、「ざまぁねぇ」って心でつぶやいた。今思うと、カウンセラーの存在が心強かったんだ。こういう、カウンセラーとのやりとりのなかで、少しずつ僕は母親の再婚について心の準備をしたんだと思う。

再婚のあとに、僕の名字が変わった時、担任じゃない先生がみんなの前で、僕を前の名字で呼ぶって言ってくれたのも、恥ずかしかったけど、うれしかった。

武田：担任やカウンセラー以外にも、支えてくれる人がいたんだ。

けん：そうだね。ただ、いざ母親とおじさんが再婚してからは、すべてが変わった。

僕は知らなかったけど、同じ学校におじさんの息子がいたらしくて、すれ違いざまに足を踏んだりされた。

武田：え。おじさん、それわかってたのかな。

けん：わかんない。家も、おじさんと前妻とその息子が住んでいた実家に、おじさんの両親と僕と母親が住むってふうに変わった。僕の部屋、おじさんの息子が使っていた部屋にされた。おじさんの息子が使っていたインテリア類すべて、そのまま僕が使

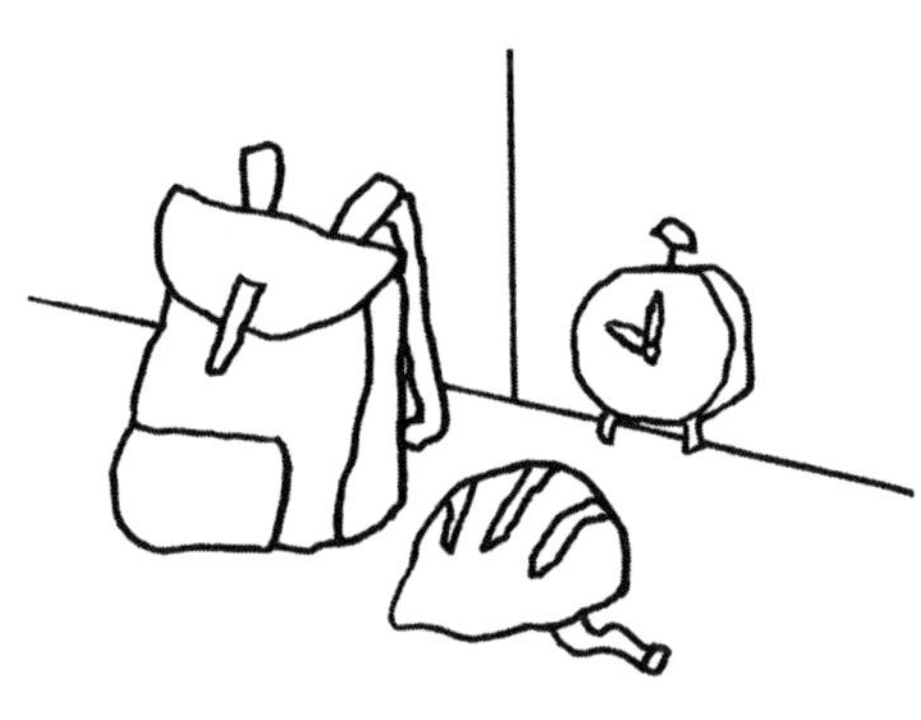

うことになった。そのあとの生活は、自分の部屋も、トイレも、お風呂も、全部気持ち悪かった。

武田：そりゃそうだよ。気持ち悪い、ってなる気持ちがわかる。ってか、母親はその家で暮らすの気にしてなかった？

けん：引っ越しの日のこととか、母親の表情とか、よく覚えていないんだよね。

武田：そっか。

けん：でも、おじさんのお父さんが、僕によくしてくれようとしていたのはわかった。戦争で満州に行った話なんかもしてくれた。だけど僕にとっては、ここが満州よりイヤだったよ。

武田：満州かぁ。話を聞いてあげようという気持ちがあっても、自分がたくさんしゃべっちゃうって人、いるよね。ただ、そうやって動こうとしてくれている周りの人のことを受けとめようという感性が、けんにはあったんだ。自分自身が辛いのに、周りにまで気をつかって。

■家に帰らず自立を目指した

けん：高校生になって、飲食店でバイトをした。学校が終わってから夜一〇時まで働いて、朝起きれなくなって、高校に行けなくなった。

武田：学校の環境は悪くなかったんだよね？

けん：そうなんだよね。担任からも、「留年になるぞ」って何度も連絡をもらったのに、結局行かなくなって、留年はしたくないから退学することになった。最後に担任やめた学校の担任の先生とつながりを持ち続けられるのは強みだね。

が、「何かあったら必ず連絡しろよ」と言ってくれた。

武田：やめちゃうのはもったいない気もするけれど。

けん：今思えば、家にいるのがイヤで、帰らないようにしていった結果だと思う。学校がイヤだったんじゃないからさ。

それから通信制の高校に転校した。バイトをしつつ、ヒマな時間は、新しくできたいろんな友だちと一緒に行動した。スロットに行ったり、友だちの家に泊まったり、とにかく家には帰らずに友だちと一緒に過ごしてた。どんな子と一緒にいたいとかはなかった。友だちのなかには、僕の誕生日に目の前で万引きしてプレゼントをくれる人もいた。僕はこういう感じじゃないな、って思った。僕自身は、補導こそされたけど、犯罪はしなかった。ただ、友だちと一緒に、ノリで刺青（いれずみ）を入れたことは今も後悔してる。その時は楽しかったけど、断れなかった、というのもあったなーって思う。

武田：いろんな友だちと一緒にいたんだね。家に帰らないことをどう感じていたの？

けん：家に帰れない寂しさとかはなくて、とにかく家に帰らないでふらふら遊んで歩いてたなー。よかったこともたくさんあった。友だちと一緒にバンドをやって、ライブをした時、前の担任に連絡したら見に来てくれたり。

武田：今の自分の姿を当時の担任が見に来てくれたのは、うれしかったね。

けん：うれしかった。しかも一人で来て、見て、何も言わずに帰っていったのが渋かった。

武田：渋。担任と連絡を取りつづけているところも、けんのいいところだね。

けん：中高生向けのフリースペースのスタッフとしゃべるのも楽しかった。スタッフ若い人向けの公的なフリースペースって、意外と身の回りにある。せっかく税金払っているので活用しよう。

【黒服】
水商売のお店で働くスタッフさんのこと。

ホストも職業のひとつだと思うけど、人によって合う合わないはあるよね。

の人は、お姉ちゃん、お兄ちゃんって感じの人が多かった。でも、家の状況について、ちょっとは話したけど全部は話さなかった。家のことを話すのが恥ずかしい、っていう気持ちもあったから。

武田：私はそこのスタッフだったけど、今日初めて聞いたこと、いっぱいあった。当時、言葉にしなかった、ならなかったことが、しっかり言葉になっているんだと感じたよ。

進路はどうしたんだっけ。

けん：大学は、受かったところもあったけど、親に金を払ってもらうのに、こんな大学かってレベルのところだったし、進学するのをやめた。で、友だちの紹介でホストになって、家を出て、店の寮で先輩と住んだ。

武田：ホスト業は楽しめた？

けん：その店ではだいたい二年働いたけど、楽しかったのは最初の三か月だけ。だんだん自分が腐っていっている感じがして、イヤになった。一年後、「もう続けられないです」と店の人に言ったけど、あかん、って。結局、もう一年は黒服みたいなことをやって、もう一度「僕は水商売をやりたくないです」と店の人に言って、やめさせてもらえた。

武田：へー。そんなに早くからやめたかったのね。

けん：そう。ホストっていうと聞こえはいいけど、女の子に声をかけて、その子を昼の仕事から風俗に流す、というのが定石だから。学生とか普通の仕事をしている女の子が、それをやめて、僕が紹介した風俗で働いて、そのマージンを僕がもらう。それがきつかった。本当に申しわけなかったと思ってる。

武田：そっか。お客さんとの楽しい思い出の一つもないの？

けん：ない。寮を出て、風俗で働く同い年の客と住んだこともあったよ。最初はうれしかった。でも、相手は自分と付き合っていると思っているのに、相手に対して自分の感情はゼロ。状況に無理があるし、正直ドロ沼だった。結局この生活も続かなくて、また寮に戻った。

武田：同僚には、いい人いなかったの？

けん：いなかった。こうはなりたくないなって思う人ばっかりだった。

武田：そっか。でも、ホストやめたら家なくなっちゃうでしょ。

けん：それが、おじさんが僕に、単身生活できる部屋を用意してくれて。自分的にもラッキーっていう感じで、一人暮らしが始まった。仕事は、近所のコンビニ。居心地よくて、二年くらい働いたんだ。

武田：どんな居心地のよさ？

けん：働いている人のほとんどがフリーターとか、いわばクズだらけだった。自分もフリーターだし、同じような境遇の人もいて、お互いクズだよな、って言いあったりして。反面、ここでも、こんなふうにはなりたくないなって思ったよ。それで、いつかは大学に行きたいな、と思っていたのを実現しようと、受験勉強を始めたんだ。

武田：行動的だねー。さっきから、こんなふうにはなりたくない、って言ってくれているんだけど、どうなりたい、っていうのはあったの？

けん：中三の時に出会った、お兄ちゃんみたいなカウンセラーになりたいって思ってた。だから、心理や福祉が学べる大学を選んで受験して、入学できた。

武田：あのお兄ちゃんか!!

けん：そう。大学には腐った人はいない、って勝手に思っていたんだ。けど、入学後に、大学にもそれなりに腐っている人がいることに気づいた。だから、友だちもちゃんと選ぶようになった。

武田：どんな友だちを求めたの？　自分の言葉で言うと、どんな感じ？

けん：そうだな、闇（やみ）がなく、腐っていない、素直な人が好きだなって思う。だから、高校の時、友だちとつるんで夜中まで遊んでいた頃を思うと、それはそれで楽しかったけど、なんか違ったかなって。またやりたい、とは思わないんだ。

武田：一緒にいる人の性質が変わっていったんだね。

けん：そう。自分が安心できるなって思う人と一緒にいるようになった。

　ホストで出会った先輩と同じ年齢になった今、もしホストを続けていたら、自分は今もホストの友だちに囲まれていたんだなと思うけど、これをネガティブに見る自分がいる。僕は、今みたいにピュアな友だちに囲まれている自分のほうが好きだ。

武田：なるほど。今までの人生経験で、人を見る目というか、モノサシができたんだね。それで、今は安心できる人と一緒にいられているなんて、素敵なことだね。

　家族との関係はどうなったの？

けん：僕は、今までのこと絶対許さないって思って、両親と距離を置いたけど、おじさんが病気になった。死ぬかもしれないって。その時、僕はまだ「お父さん」って呼んであげてないなって気づいた。それで、かわいそうになった。それからは、月に一回は実家に帰って、おじさんと話をするようにしたんだ。最近は自分から「お父さん」に「飯食いに行っていい?」って連絡できるようになった。今では、許すとか許さないとかいうことが気にならなくなった。母親に対しても同じ感情だな。

武田:優しい。

けん:自分って、優しいんだよねｗｗ

こんど、自分の人生にすごく影響を与えてくれた、あのお兄ちゃんカウンセラーに会いに行ってこようと思うんだ。

武田:きっと喜ぶと思うよ。

けん:でも、二四歳で大学入学って、けっこう遅いよね。

武田:いや、ここまで自分で考えて、自分で行動して、ちゃんと一本筋が通っているじゃない。だからこそ、家族の問題にも、自分としての結論ができて。もし高校卒業して、あのまま大学に入学していたとしても、今のあなたはないと思う。カッコよくなったよ!!!

けん:ありがとう……。

武田:考えてみると、自分で選んだ中学校で出会ったカウンセラーさんが、なりたい自分のモデルになっていたんだね。話を聞いて、本当に、けんのパワーを感じたよ。

けん:あらためて振り返ることができて、なんか、よかったよ。僕が、いろんな人に支えられて生きてきたんだって、感じることができたし。

武田:その感性が素敵だよ。

あるある。暴力が日常的にあると、暴力がない生活のイメージわかないよね。

このことを知ってるって、すごい！　相談しようと行動したのもすごい！

一八歳になるギリギリで、家族との距離をとろうと専門家に相談してみた
——ゆうとの場合

■親からの暴力に納得がいかず、助けを求めた

ゆうと：自分は小学校の頃から「親がいなければいいのに」と思っちゃうような子だった。七歳の時に、母親に投げ飛ばされて自分の骨が折れた。親の暴力をあげていったらキリがないけど、「虐待」とかとは思ってなかったし、だんだん僕もやり返すようになって。父親は弟に「あいつのように殴りかかってこい」とか言ってたから、「昭和のノリ」なんだと思う。母親は「親に暴力をふるうなんて」と言うけど、それには納得いかなかった。親のほうから殴ってきてるんだし。でも自分は、家の外では穏やかなほうだったよ。

　高校三年生の時、母親との些細なケンカから、母親が自宅のチェーンを閉めて、自宅に入れなくなった。自分も、入れないなら帰る気もなくなって、友だちや先輩の家にいた。この状況が一か月以上続いて、お金も限界になって。すごく迷ったけど、一八歳までは児童福祉法で支援を受けられる範疇だから、このタイミングで自分から保護を求めて、その後自立して生活しよう、まずは相談をしようと考えて行動した。大学受験を控える自分的には、けっこう大きな決断だった。

武田：どんな行動をしたの？

ゆうと：まず、弁護士に相談して、警察の生活安全課に行って相談した。警官は頭の固いおじさんという感じの人で、自分に「親に迷惑をかけるな」と言って、親に電話

【一時保護の目的】
一時保護の第一の目的は、子どもの生命の安全を確保すること。子どもの最善の利益を守るために行われる。

元気じゃない時に自分から行動するって無理だよね。

一時保護中に子どもの人権を守ることができるよう、一時保護ガイドラインが改正され、対応が見直されているよ。いろんな課題があることがわかって、改善するような動きもあるみたい。

連絡した。うちの親も親で、「息子とは縁を切る！　勘当だ！」と言ったみたいで。警官は、何もしないわけにもいかず、自分を連れて児童相談所に行って、自分は一時保護されることになった。

児童相談所に行ったら、自分の想像とは違った。まず着替えさせられて、ケータイ電話を没収されて、もうなんか「身ぐるみはがされた」という感じだった。自立のための相談ができる場所、という感じではなかったな。

職員さんには、「どうするか決まるまで待っていなさい」と言われ、六畳くらいの部屋に通された。どうするか決まれば、隣の子どもたちがいる部屋に行けたみたいだったけど。それからは、自分が持ってきた参考書二冊と、マンガを差し入れてもらって、ひたすらそれをやって、一日に何をしたか日記に書く毎日で、トイレ以外は部屋を出なかった。職員さんは時間になると食事を運んでくれたけど、話しかけられることはあまりなかった。カウンセラーがいることは知っていたけど、自分から要望して話に行くことはなかった。そもそも、そんなに元気じゃなかったんだよね。

二週間、太陽も浴びずに、ただ一つの部屋にいると、だんだんおかしくなってくる。ごろごろしても、何をしていていいかもわからなくなってくる。そんなある日、職員さんから「明日、親と面談だから」と言われた時には、親に会いたくないけど、そう訴える気力もなかった。「とにかくここから出て、普通の生活をしたい」という気持ちのほうが強かった。

親が来て面談が始まると、職員さんはまず自分に「親に謝れ」と言った。そして、健康管理の職員さんが「親にあなたの舌を見せなさい」と言った。自分は舌ピアスを

していたけど、親にバレていなかったのに。自分はうながされるまま謝り、舌を出して見せた。「すべてはここから出るためだ」と自分に言い聞かせながら、でも「なんなんだ」と思いながら。ここでの経験は、自分なりに消化するのに相当時間がかかることだった。

■家に帰り、家族と距離をとって自立を目指す

武田：帰宅してからは、どうしていたの？

ゆうと：「なんで謝っちゃったんだ」「家に戻ってきちゃった」「自分の意志が弱かったのがいけないんだ」と自分を責めたりした。だけど、なぜか、この時を境に、親が自分に対して何にも言わなくなったんだ。親が自分の成績も見なくなって、今までみたいなぶつかりあいのケンカはまったくなくなった。

それから、自分は大学に進学した。在学中は、授業、バイト、友だちとの遊びと忙しく過ごして、家には寝に帰った。親と同じ空気を吸いたくない、とは思いつつ、親とぶつかることがなくなったから、なんとかやりすごした感じだな。

だから、就職の内定が決まってすぐに一人暮らしを始めた時は、「やっと自立したぞ！」っていう達成感がすごくあったんだよね。それから三年、一年でやめようと思っていた営業職も、なんだかんだで続いてる。一人暮らしにもう慣れて、本当にラクに過ごすことができているよ。

武田：安心して住むことができる場所を得られて、本当によかったね。今、当時を振り返ると、どんなふうな思いがある？

友だちだけでなく、ちょっと年上の、話せる相手がいるっていいね。

ゆうと：小さい頃から暴力を受けていると、自分が成長しても同じ強さで抵抗してしまって、親を吹っ飛ばしてしまったりする（その時には、そこはかとない罪悪感がある）。それに、母親が包丁を持ち出したこともあったから、これがエスカレートしたら、自分が何かの拍子（ひょうし）に家族を殺してしまっていたかも、と思うと怖い。

児童相談所に行ったことは、親子関係の方向転換をするきっかけにはなったかなと思う。普通の人がおとなになる、自立するプロセスとは少し違ったけれど、自分がモヤモヤしている気持ちをナアナアにせずに、自分から行動したのはいい経験だった。今、過去に戻ってやり直したとしても、これ以外の選択肢が思い浮かばない。

武田：自分から家族と距離をとろうと行動できたのは、どうしてだと思う？

ゆうと：放課後に行っていた一〇代向けのフリースペースで、たまたま出会った年上のスタッフとの関わりが、自分のなかでは大きかった。親の味方をせずに、自分が言っていることをよく聞いてくれた。だから、自分もちゃんと考えて行動できたと思う。

警察官も児童相談所の職員も結局、自分を自宅に帰そうとしていたんじゃないかな。自宅に帰ったほうがいい人がいるのもわかるし、小さい子どもの虐待の案件で忙しいのもわかるから、自分にかまっていられないと判断されたのかもしれないな、とも思う。だから、やっぱり当時の自分としては、親の味方かどうかというところで、信頼できる相手かどうかを判断していたと思う。

そんななかで、シンプルに自分の話を聞いてくれる年上の人がいた。自分が信頼できる人に話をすることができた。だから、自分も意外と冷静に選択して行動することができたんだと思う。

父親としても考えるところがあったのかもしれない。おとなでも失敗することはあるから、失敗した時は素直に謝れるおとなでいたいな。

武田：そんなふうに思ってくれていたんだね。ゆうとが意を決して、児童相談所へ相談に行くと言った日の真剣な顔を思い出すよ。ゆうとは、受験と生活のことと、どっちが大事かって、真剣に悩んでた。だから私は、「今のあなたにとって重要なことを優先して、人生後悔のないように」と言ったよね。それで、あなたの友だちが『普通は受験を優先しろって言うとこだよねー』とニコニコしながら言って、結局三人で笑った。私は直接、何かできたわけじゃない。ここまで来たのは、ほかでもない、あなたの力だよ。児童相談所での経験を経て、親は何か言ってた？　親への気持ちはどうなった？

ゆうと：児童相談所からの帰り道に、父親からは「どこまで親に迷惑をかける気なんだ」と言われて、自分は親を尊敬できないと思った。普通の親だったら、謝る場面じゃないかなって。それ以降は、特にこの話を家族ではしないな。ただ、母親は「あなたの反抗期は大変だったのよ」と話を振ってくることがあるから、そういう時は、母親と距離を置くようにしてる。父親はある時、「あれは反抗期じゃないよ」と母親に言っていたことがあったかな。

父親には、社会人としては尊敬しているし、大学に行かせてくれたことは感謝している。ただ、両親は自分たちが行けなかったからか、子どもが大学に行くのが当たり前と思っていて、教育欲を自分にぶつけてきていた感はあったかな。成績が悪くて部活をやめさせられたこともあったし。今振り返って考えても、成績が悪いから殴るっていうのは、やっぱり違うと思う。だから、親を尊敬できない部分がやっぱりあって。

単純に、親に感謝、親を尊敬している、と言う人がうらやましいし、そう思えない

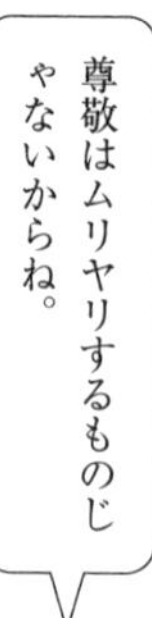

ことは少し負担だな。普通の会話でも「親孝行しろよ」と社交辞令で言われた時に、どういう気持ちでいたらいいかわからない。自分は親を尊敬できないというか、する気もないし、親孝行する気もないから。

武田：今の家族関係はどんなふうなの？

ゆうと：今は正月とか、家族で過ごすことがある。さすがに母親と二人で、とはいかないけど。姉の子も生まれて、僕が姉の家に遊びに行くこともあるし、両親も丸くなった。自分は親を、辞書で見る「親」みたいな感覚で見てしまうところがあるから、家族の輪に入っているというよりは、「家族ごっこ」を楽しめているというほうが感覚的に近い。逆に、昔の自分から「何やってんだよ」と言われかねないと思うけど……。

武田：家族からの誘いをむげにするのも疲れるしね。これって、昔の自分と変わって、家族関係に折り合いがつけられるようになってるってことじゃない？

ゆうと：あのことがあったから、今、お互いにいい距離感で、だいぶラクに過ごせるような形になってきているんだと思うな。

武田：最後に一言！　今の一〇代へのメッセージをどうぞ！

ゆうと：自分が家に帰らなかったことは、当時、結局自分も悪いんじゃないかと二％くらい思っていたけれど、そんなことはないと、今は自信をもって言える。もし自分と同じ気持ちでいる一〇代の人がこれを読んでいたら、「あなたが感じていることは間違ったことじゃない」と背中を押してあげたい。

自分の話を聞いてくれる人がいるのって、安心とか自信につながるかも。一人で考えるんじゃなく、周りの人と話していくなかで、自分なりの言葉や表現が見つかることもあるもんね。

進路選択で、経済面がネックになる時は、とくに親との話し合いが必要になる。子どもが親に従いすぎると、親の言いなりの人生になって後から後悔したり、自分を貫きすぎると、自分の大変な時に頼ることができない人になったりする。親と子どもの考え方が違う時、親に従うか、自分を貫くか、という二択ではなく、お互いにうまく歩み寄ることができるといいよね。

「闇」「腐る」「ピュア」と、人を見る時のモノサシを、けんさんが自分の言葉で話してくれました。そのように自分の言葉にすることは大切。一方で、「闇」とか「腐る」「ピュア」という言葉って、人格を「評価」する社会規範としても使われてしまうことがあります。たとえば、自分のある部分を、誰かに「闇」とか「腐ってる」と評価されてしまうことの怖さもあったりします。けんさんの言葉をきっかけに、何が「闇」「腐る」「ピュア」なのかを、みんなで語り合って、問い直してみたいと思いました。

どこも、なんか違うかなって思う私の「居場所」って？

私（金子）が現在務める「たまり場」を利用する聖也さん（仮名、当時二八歳）。彼とは一〇年以上の付き合いです。彼にはさまざまな「生きづらさ」が重なっていて、今は家族から自立できないことに悩んでいます。でも、ふだんは悩んでいるそぶりを見せず、ほかの利用者の面倒をみたり、これまで彼が関わってきた事業所やボランティア団体などと利用者をつなげたりと、お兄さん的な役割をしてくれています。そんな彼に、今感じていることや率直な思いを話してもらいました。

◆「たまり場」に来はじめた頃

金子：今日はインタビューを引き受けてくれて、どうもありがとう。聖也さんは誰からもセイちゃんとニックネームで呼ばれていて、スタッフの仕事も手伝ってくれていたから、私が「たまり場」に関わるようになって初めてセイちゃんに会った時、スタッフかと思ったのよ。まずは、セイちゃんが「たまり場」に来たいきさつから教えて。初めての利用は、一人でここに来たの？

セイ：一人で来ました。二〇歳過ぎた頃、ネットで私みたいな人の「居場所」がない

【「たまり場」】
NPO法人さいたまユースサポートネットが二〇一一年より開催している、子ども・若者たちが自由に来所し、関わりあい、学びあう居場所活動。毎週土曜日、教職経験者や社会福祉士などの資格のあるスタッフ、ボランティアの社会人らが集まり、ゲーム、音楽、勉強、運動などをして自由に過ごす。年齢制限はない。

「たまり場」は、スタッフと利用者さんとの垣根がないんだね。

かって検索してて、見つけたんです。その頃、いろんなことで悩んでて。まずそのことから話すね。高校卒業してしばらくのあいだ、ほぼひきこもりになっていて、家から一歩も出られなかった。少ししてから病院とデイケアと、障がい者の事業所を探して転々としてた。普通の社会とは交流がなかったんですよ。デイケアのスタッフや利用者の上からくる感じがイヤだったこともあって、私のことを普通に扱ってくれるところないかなあと思って、「たまり場」にたどり着いた感じ。

金子：しばらくひきこもりだった人が、「たまり場」みたいに人がわちゃわちゃいるところに来て、大丈夫だった？　それから、一〇年近くずっと通い続けているのはなぜ？

セイ：最初は本当に緊張しました。しばらく人と話したこともなかったので、言葉もたどたどしかった。ここにはいろんな利用者がいるんだけど、その人たちを観察していると、なんだか私と似てるところがちょっとずつあるなって感じをもった。年齢も、服装も、家の事情も、障がいの症状もバラバラなんだけど、来ている人に親近感があったんですね。だから安心していられた。ただ、利用者の人に隅っこでコソコソ話されると、私のことを（悪く）言ってんじゃないかとか思っちゃう被害妄想的なクセは残っているけど。

金子：その被害妄想などの症状については、今も通院しているんだよね。いつから、自覚するようになったの？

セイ：高校生の頃は、意外と普通だったと思うんです。部活もやってたし、軽音楽部だったんです。ボーカルばっかりやってたんで、ギターとかはもう忘れちゃいました

【暴力行為】一八歳までの子が親に殴られたら、親は虐待防止法違反になる。お父さんが二一歳のセイさんを殴ったことは障害者虐待防止法違反、最低でも暴行罪に問われる可能性がある。市役所に相談すると、障がい者の緊急一時保護というのをしてくれる場合もある。

行動したこと自体が偉いと思う。殴られていい人はいません。

けど、ちょっとはできます。勉強はそんなにまじめにやってなかったかな。学校にはほぼしゃべりに行くみたいな感じだったけど、けっこう普通に行けてたんです。進路も、役者にあこがれてたから専門学校に行くことにしたんです。だけど、ある日、通学中の電車のなかで呼吸困難になっちゃって。それからしばらくその症状が続いて、何かおかしいぞと思ったんです。のちのち医者に聞いたら、パニック障害だったってことでした。その頃は、発作になることが怖くて、病院にも行けないほど外に出られなくなって。だから役者の専門学校も一か月でやめちゃいました。

◆障がいと家出と不登校

金子：セイちゃんは「たまり場」のイベントでも、バンドのボーカルをしていたけど、歌が上手だもんね。司会とかもそつなくできるし、役者にだってなれたかも。その後、しばらくしてから病院に行って、初めてメンタル面での課題が見つかったんだよね。自分としては病名や障がいがあることに気づいてショックだったの？

セイ：ショックはショック。それよりも、うちの父親とかには全然理解してもらえなくて、父親は怒り狂いました。特にショックだったのは、障害者手帳を取ったほうがいいと判断して、いろいろな手続きしてようやく取得したんですが、二一歳の元旦の日、朝から酒を飲んでいた父親が急に、「おまえは障がい者になりたいのか、そんな子どもに育てた覚えはねえっ」て怒りだして、いきなり顔をパーンって殴られたことです。「普通高校も出してやったのに」とかも言われた。こんな無理解な人のもとにいられないと思って飛び出して、そこらへんの街をさまよってました。

一〇歳でプチ家出は大変だったね。セイさんを親の虐待から守るために、児童相談所が保護したのかな。

昔は不登校を「学校ぎらい」と表現したり、不登校の生徒の家に友だちを迎えに行かせたりしてたんだって。

自分の状況がわかると、ほっとするよね。

金子：家を出たんだね。

セイ：でも、結局生きていくしかないから、警察に駆けこんで、親に暴力振るわれたって話した。そうしたら、あいだに入ってくれて、家に帰った。プチ家出したことは実は昔にもあって、児童相談所にお世話になったこともあったの。一〇歳ぐらいですけど。父親はその頃から暴力的だったけど、私の身体が大きくなったことで暴力は止まっていたんです。でも、母や妹には手をあげていました。

金子：お父さんがあなたの障がいを理解していなかったことも、あなたを殴った原因の一つになっていたのかしら。

セイ：そうですね、その頃、障がいがあるってわかっていたら、支援学校とかの選択もできたかも。そのほうが就職できたかも。中学校の先生からは怒られるだけだったから、教室に行かないことがあっても放置されてました。先生たちも、頭悪い子、話が通じない変わった子、忘れ物しちゃうだらしない子ぐらいにしか思ってなかったんだと感じています。

金子：それで学校に行きたくなくなっちゃったんだね。先生が家に電話かけてきたり、迎えに来たりしなかったの？

セイ：中学の時は、不登校と、スクールカウンセラーさんのいる相談室みたいなところに通ったりの繰り返しでした。体の具合が悪いのは本当だったので、先生も「じゃあ、しょうがない」って感じだったのかも。今はパニック障害と身体表現性障害だとわかって、ほっとしています。ストレスがかかってくると、身体に不調が出るんです。たとえば、お腹が痛くなったりとか、頭が痛くなったりとか、呼吸が困難になること虐待の影響が長く続いている、ということもありそう。

ラジオとかSNSとかに投稿して、取り上げてもらえると普通にうれしい。

もそうですし。これって仮病扱いされやすいですね。はじめは本当にそうだったよ。

◆ラジオの言葉が生きる糧

金子：セイちゃんは友だちはいたの？

セイ：小学校の友だちはいたけど、私のいちばんの親友が違う中学校に行っちゃったんです。あと、私は学校行かなかったけど、休日とかは近所の子と遊んでましたね。だから普通に音楽やゲームには強いです。身体の不調がない日も教室に行きたくなかったのは、いじめられるのがイヤだったから。「女っぽい」「オタク」「気持ち悪い」とか、それ以外にもかなりやばい言葉でからかわれて。それでときどきは相談に行ったから、相談室登校だけはできたんだと思う。

金子：私が「保健室の先生」の時、相談室や保健室の登校をも、「あそこは女子の行くところ」だと言って、絶対行かないって男子がいたな。人目を気にして、隠れるようにして保健室登校してくる男子もいたけど、あなたはどうしてたの。

セイ：相談室に通ってた時、ほかの子からの視線を感じてた。どういうふうにはね返したかっていうと、それはもう自分を強くもつことしかなかったですね。私、当時の気持ちを、いつも聴いていたラジオ番組に投稿したんです。そしたらパーソナリティの方が「自分さえちゃんとしていれば、ちゃんと見てくれる人がいる」と言ってくれました。だからそれを糧に生きてきたかも。遠い名古屋の放送だったけど、必死で電波拾って聴いてました。それをずーっと受信して、たまに聴こえなかったりしても、よくハガキを書いて送ってました。その頃の神。思春期って、信頼できるおとなが必学校が好きで登校できたら、苦労しないよ……。

【DV／デートDV】
ドメスティック・バイオレンス。夫婦間、カップルパートナー間で起こる、いろんなかたちの暴力のこと。

親・祖父母世代見てて思うけど、女の人ってお金持ってないから選択肢が狭い。自分の選んだ男が金出してくれないと動けない。それがイヤだから、私は自分で働いて自分の食いぶちを稼ごうと思ったんです。

要だって思いますよ。

金子：そのパーソナリティの方も素晴らしいね。当時は不登校の子に響くメッセージを発信できる人が、そんなにいなかったと思うよ。子どもにも親にも、学校行くのが当たり前、そのレールから外れたら人生が台なし、みたいなプレッシャーがあったんだよね。セイちゃんのお父さんも、その時は学校行けって強制したの？

セイ：なにせ、六〇歳を過ぎている親だから、当然のように怒られましたよ。中学校の時は、学校行かないと言うと、首根っこつかまえられて、包丁が飛んできたこともありました。私だけじゃなく、妹や母親にもあたってましたから。

金子：お母さんはあなたや妹さんを守らなきゃいけないけど、ご自身もDV受けているわけでしょ。あなたの障がいがはっきりしてない時は、お母さんも辛かったとは思うけど……。

セイ：辛かったと思いますよ。よく泣いてましたね、一時期は。今でも私や妹、母親に対して言葉の暴力はあります。でも、金子さんが「たまり場」で利用者向けに開催した「デートDV」の講座受けてみて思ったんだけど、母親は父親をすごく愛しちゃってて、子どもより大事にしていて、かばうんですよ。だから、毎日がデートDVみたいなもんですよね。母親は父親に愛されているから、（被害を受けているのに）大丈夫なんだって思い込んでいる。だから絶対に離婚はしないと思います。それに母親は経済力もないから離婚できないんです。

金子：ありがちな話だと、長男が働かないことに関しては、母方の親戚が介入してくることが多いみたい。あなたの親戚は？

セイ：そうそう、親戚って厄介。めっちゃからんできますよ。母方のおばちゃんは会計士やってて、いとこは京大出て有名企業に就職したんです。お嫁さんも孫も優秀。だから、私みたいな甥っ子の存在がイヤで、うちの母に向かって自立させろ自立させろって言ってるみたい。おばやいとことは距離を置いてますね。ちっちゃい頃は仲よかったんですけどね。

◆自分のなかの差別というフィルター

金子：セイちゃん自身は、障害者手帳をとったり、障がい者の事業所に行ったり、努力しているよね。
セイ：父親は暴力でしかかかってこないから無視できるけど、母親から働きなさいと言われると、ちょっと響くんです。それで、事業所は区役所の人に紹介してもらったんです。デイケアも、通院している病院から紹介されました。事業所で仕事をしてデイケアに通う生活を続けている時、障がい者という枠以外の人のいる場所に行きたいって思うようになったんです。デイケアとか病院とか事業所は、精神疾患の人たちが集まるところだから、ある意味「特殊」でしょ。こんどはそうじゃないところに行こうと思って。
金子：同じカテゴリーの人ばっかりじゃないところね。
セイ：そう。だけれど、それはそれでまた新たな苦悩が生まれますけど。
金子：苦悩って？　「たまり場」であなたが感じた苦悩っていうのをちょっと聞いてみたい。

【就労継続支援について】
セイさんは事業所で働いているということで、就労継続支援を受けています。就労継続支援とは、障害支援法にもとづく福祉サービスの一つ。自分の障がいや体調に合わせて働く準備や訓練、仕事を事業所で行うことができます。

【デイケア】
医療的な支援やリハビリの必要な人が、施設・病院などに通うことができるしくみ。

セイ：私にすれば、ひきこもりから外に出られたのはワンランク上がったようで、すごくうれしい。でも、その後に苦しいのは、自分自身のことです。「たまり場」には、自分以上に家庭環境がすごく特殊な子（養護施設、里親さんのもとで育った子など）がいたり、障がいが表に現れている子がいたりするでしょ。自分は、これまで差別されている側だと思っていたのに、逆に自分が差別というフィルターをかけちゃったりしないように神経を使ってしまう。利用者への発言の仕方とか態度とかを気にしていると、ぐったりと疲れちゃうことも多いんです。

金子：そうね。それは私も感じることあるよ。障がい、疾患、家庭環境、外国籍の人びとへの偏見や差別なんて、自分はしていないと思っていたのに自信がなくなって、揺さぶられることあるよね。案外と差別している側に近かったのかって思い知ることも。当事者の生活や社会制度について、何も知らずにのほほんとしていた事実を突きつけられて辛くなることあるよ。

セイ：ですよね。ありますよね。よかった、自分だけじゃなくて。あとは事業所もデイケアも、せっかく慣れて心の内を話せるスタッフができたのに、その人がいなくなっちゃうことも、辛いし寂しいです。新しいスタッフと関係をつくるのは疲れます。

金子：全国にいろんな「居場所」をうたう事業はあれど、スタッフの雇用形態が安定しているところは少ない。短期雇用の若いスタッフは雇用が安定している職場に就労していくんだよね。利用者さんたちは、いつもスタッフを送り出してくれている。引き留められないもんね。

セイ：引き留められないから、ただ「さよなら」って言うしかない感じ。

自分の生活が安定していないと、他の人を支えられない……。

就労継続移行支援事業所の賃金は、「工賃」とされていて、最低賃金に満たないいんだよね。

住まいに関する福祉サービスもあるし、方向転換の仕方はきっとあるはず！　自立や将来の不安も含めて、担当の相談員さんと話せるといいいね。

金子：これは、行政にも届けたい利用者の切実な声だね。
セイ：でも、スタッフだって少しでも給料いいとこに行きたいよね。
金子：スタッフの経済力まで気くばりしてくれてありがとう（笑）。ところで、あなたは経済的にはどうしてるの。
セイ：自分は事業所のわずかばかりの賃金だけで、おこづかい程度なんですけど、やりくりしている。仕事をさせてもらっている身の上で言いにくいけど、事業所の賃金はあまりにも少ない。私ぐらいの障がいだと障害年金は審査で落とされてもらえないから、家に食費は入れられない。うちは持ち家だからいいけど、父親は定年でリタイアしてて、今は不定期にバイトしてます。母はずっと専業主婦。経済的なことでは大変だとは思うけど、私が聞くところでは、父方のおばあちゃんはお金持ちなんですよね。だから、だいぶ助けてもらっているようです。
金子：そういう話を親から聞くのは、切ないね。
セイ：切ないですね。私もおばあちゃん大好きなんで、死んだおじいちゃんの遺産分もそうなんですけど、それを自分が働けないことで使ってしまっているのは……。障がい者枠の就労も探しているけど、もう二八歳になっちゃっているから難しいですね。この先、親が亡くなっちゃったら……一緒に生活できる人を見つけて暮らせるといいいんですけど。

◆いろいろ重なり合う「多様性」と「居場所」

セイ：まぁ、このさいだから言いますけど、私、ＬＧＢＴＱのＱ（クエスチョニング）

なんです。好きになるのが男の人だけの時もあるし、女の人だけの時もあるんですよ。だからそこが揺れ動いちゃってるんです。どっちかっていうと男の人を好きな時が多かったのですが、女の人ももちろん好きですよ。

金子：それは親には言える？

セイ：言えないです。

金子：「たまり場」には、セクシュアルマイノリティ（性的少数者）の人もけっこういるよね。でも、みんなカミングアウトするでもなく、雰囲気でわかっている感じ。利用者もスタッフもさまざまな生きづらさの一つとして包み込んでいるみたいな雰囲気、私は素敵だって思っている。セイちゃんはカミングアウトしてなかったけど、今回ここで初めて打ち明けてくれたの？

セイ：やっぱ、多くの人はそういうの（偏見）があるんで。でも、気づいてる子は気づいてるかな。他の人にはちゃんと言ったことはないですね。

金子：そうなんだ。初めてのカミングアウトの相手に選んでくれてありがとう。セクシュアルマイノリティのカテゴリーの人たちと、どこかで会ったことはあるの？

セイ：レズビアンの子は知り合いにいて、そのあたりの生きづらさについては、その子とは話しますね。ほかにも同じような人たちがいたら会いたいです。そういう集会とかにも興味あります。ただ、お金がなくて、障がいがあって、セクシュアルマイノリティっていうのが全部重なってると、どこ行っても、なんか違うかなって思うような気がして。だったら「たまり場」でいいかって、留まっちゃうんです。

金子：うん、多様性って言葉がよく使われるけど、人は自分が生きている場所以外へ

「子どもの貧困」＝開発途上国
「ひきこもり」＝不健康な男性
のような思い込みをもってる人、けっこういる。

「たまり場」は、制度のはざまにいる人の受け皿にもなっているのかぁ。

の想像力が乏しいから、それほど多様な人びとの存在を知らないんだよね。

セイ：そう、貧困女子なのにブランドバック持ってんじゃとか言って叩く人たちもいるよね。貧困だからリサイクルショップ利用しているのも知らないで。私の家は持ち家だし、両親そろっているから生活保護は受けられないけど、私にはお金がない。しかも、障がいの知識がない親からの差別を受けている。おしゃれに気をくばっていると、近所の人にはひきこもりのくせにと言わんばかりに、「いつでもどこでも働けそう」とか言われる。そのうえ、セクシュアルマイノリティなんて言うと、気取っているとか、流行(はや)りにのっているとか言われかねないでしょ。

金子：自分の意志でセクシュアルマイノリティになるのではないんだけどね。セイちゃんは、どのカテゴリーもぴったりこなくて、落ち着かないってことだよね。

セイ：私は常づね思うんですけど、たとえば、生活保護の子たちの学習支援教室とか、シングルマザーの家庭の子たちの子ども食堂とか、そういう枠を取っ払ってほしい。年齢や性別とか、性的な指向とか、貧乏とか金持ちとか、障害者手帳がいるとかの、何もかも関係ない「居場所」づくりを目指してほしいです。さまざまな若者支援の助成金は三九歳までってなっているけど、その後どうしろっていうことなんだろうねー。

金子：そのとおりだね。私たち支援者は、やらなきゃならないこといっぱいあるよね。セイちゃんと話していて、私もいろいろ勉強になったし、明日から取り組まなきゃいけないことが明確になったよ。今日はどうもありがとう。

セイちゃん、自分に必要な相談相手を見つける能力高い‼　制度で解消されないモヤモヤは、「たまり場」で話して。使い分けられるのって、ほんとにすごい。

セイちゃんにとっての金子さんや「たまり場」の人、ラジオ番組のパーソナリティやレズビアンの友だちのように、何かのカテゴリーに属する人ではなく、自分自身そのものとしての声を聴いてくれる人がいるって、本当に安心するよね。

いろんなマイノリティがからみあってると、障がいのことは話せるけどＬＧＢＴＱのことは言えないとか、家族のことは詳しくは話せないとか、部分的にしか話せないことがでてくるよね。部分的にしか話せないと、話がまどろっこしかったりするけど、言いたいことの半分を話せたら、それはそれで合格なのかなって最近は思うようになったよ。セイちゃんが（部分部分かもしれないけど）自分のことを話せる「居場所」と、これから先もつながれてるといいな。

ダイアローグ

dialogue

一〇代で結婚・出産して、二二歳で家買った

私（金子）が勤務していた中学校の保健室に、一年生の頃よく来ていた愛海（仮名）さん。中学二年生から学校に来なくなり、彼氏の家で生活し、その後一六歳で結婚し、子どもも生まれ、家を買った、と報告を受けました（当時二二歳）。

いつもパワフルで、自分で自分の人生を切り開いてきた愛海さんに、自分の人生を振り返って、どのような価値観で行動してきたのか、教えてもらいました。

◆彼氏と一緒に暮らすことしか考えてなかった

金子：愛海さん、中学に入学してきた時から、茶髪で目立っていたし、やんちゃ系の二年生、三年生の後を追うようにして、保健室にもよく来ていたよね。
愛海：そうそう。同級生とは話が合わないし、下校後も先輩と遊んでたし、保健室だと先輩と話できたから。それに、いとこから、金ティ（金子ティチャーのニックネーム）にはさんざん世話になったから、おまえも仲よくしておけって言われてたし。
金子：あなたのいとこはケンカばっかりしてたから、しょっちゅうケガの手当てしてたし。病院に連れて行ったこともあった。「オレが卒業したら、いとこの愛海ちゃん来

中学校は義務教育だから、いろんな人から「学校行け」って言われそう。

るけど、オレよりつぇー（強い）女だからケンカして保健室来るよ」って言ってた（笑）。愛海さんのとびきり印象深いエピソードは、秋の体育祭の時、一年生の見学席に、とび職風のいかつい男性が座っていたこと。私は「ロリコン趣味」の青年が一年生の席に入りこんでいるかと思って、注意しに行ったんだったよね。それがあなたの彼氏の翔太さんだったという。

愛海：そうそう。金ティに怒られたって翔太が報告してくれて、ウケた（笑）。

金子：でも、そのあたりから、あなたが不登校気味になって。ときどき大幅遅刻っていうか、夕方に保健室に来たりしてたよね。実はその頃から、彼氏の家で暮らしてたんでしょ。

愛海：うん、そう。実家の母親はなんも言わないけど、母親の彼氏が、学校に行けとか、翔太と別れろとかうるさいから、面倒で家出したんだよ。

金子：私や担任の先生もいろいろあなたのご家庭にアドバイスしたんだけどね。あなたは成績だってよかったし、中学校だけは卒業しようよとか、林間学校や修学旅行は行かせましょうよとか。

愛海：だって、中学校は行かなくたって卒業できるって、翔太もそんな感じだったし。あたしも、その時は翔太と一緒に暮らすことしか考えてなかった。林間学校や修学旅行なんか行っても、話合わない女子と一緒にいるのは疲れるし、だいいち、グループ組まされた子たちにとっても迷惑じゃん。

金子：あなただけ、他の女子よりとびぬけておとなの女性だったから、女子はみんな気をつかっていたもんね。

愛海：同級生はみんな敬語でしゃべってくるし、どんどん話合わなくなっていった。

金子：一三歳といっても、一人ひとりみんな違うってことだよね。学校は、年齢でひとくくりにされちゃうもんね。

愛海：うちもガキだったと思うけどね。その頃、自分の将来とかを考えてたら、きっと中学校に通ったと思うし、高校も行こうと思ったはず。母親の彼氏から経済的に世話になるのがイヤっていうだけで、へんにおとなぶっていたのかも。

金子：学校としては、一三歳で彼氏と同棲しはじめる生徒の指導に苦慮していたんだよ……。あなたはケータイも持ってなかったし、私や担任がときどき自宅に電話して、学校に来るように言ってくださいって声かけるぐらいしかしてなかった。あなたの母親は、両家の親も認めているし、学校にとやかく言われる筋合（すじあ）いはないっていうことだった。警察に相談したことがあったけど、翔太さんの親が、あなたの親に頼まれてあずかっているって話で、性的な関係がなければ罪にならないということもあり、うやむやで終わったんだったね。

愛海：エッチないわけないじゃん（笑）。でも、あの頃は、そういうことにしとこうってことだった。うちが自分で学校に行こうと思えば、登校できたと思う。迎えに来てくれた先輩もいたし。

金子：翔太さんのお母さんだって、学校に行かなくていいとは言わないでしょ？

愛海：翔太の母親は、うちにすっごい甘いんだよね。うちがいると翔太が悪さしないで、まっとうに働いてくれるって喜んでた。うちも、家事手伝ったりして、いい嫁をしてたし。

【性的同意年齢】
法律で、性行為がどんな行為かを理解し、自分が性行為をしたいかしたくないかを判断できる年齢（性的同意年齢）は、日本では一三歳とされている。先進国はだいたい一五～一六歳なので、日本の設定は低い。現在、見直しが始まっている。

愛海さんほどパワフルなら、いつでも高卒認定試験を突破できそう。

金子：そういう話って、よく聞くよ。息子の夜遊びやギャンブルに手を焼いていた親が、息子の彼女を味方につけて、息子をおとなしくさせようとする手法だね。
愛海：そうそう、そのとおり。「家にもお金入れるように愛海ちゃんから言ってよ」とか、「改造車はやめさせてよ」とかね。
金子：それでも、三年になって進路決定の頃から、何回かは学校に来たよね。保健室で担任と面談してたし。
愛海：進路の話で実家の親からめずらしく連絡あって、「高校行くの行かないの」って聞かれた。うちは「どうせやめるから、受験もしないよ」って言ったの。そしたら親は「やめてもいいから、とりあえず受験しな」って言うんだよね。今さらなに⁉って思って、うちは「働きます宣言」して、一五歳から居酒屋でバイトすることにした。
金子：卒業式も来なくて、校長室で担任と私が出席して卒業式をしたんだよね。あの時に、二年ぶりにあなたの制服姿見て、目頭が熱くなったこと覚えているよ。
愛海：そうそう。金ティも担任も、なんか泣いてて、つられてうちも泣いちゃって。あのシーンだけが、中学校のとびきりの思い出ってやつになった。

◆去年の三月に家買ったの

金子：高校生の姿見かけて、うらやましかったりしたことはあったの？
愛海：それは……なかったかな。高校行かなかったことについて、学歴が中卒という悔しさはあるけど。それ以外の人間関係は、学校行っているよりか広がって、いろんな世界を見れたと思う。うちは、ほんとにいろんな意味で恵まれてると思ってるよ。

【高校生の妊娠を理由とした退学】
もし愛海さんが高校生で妊娠したら、通学を続けたくても、学校から退学を促されることがある。でも、妊娠した生徒の調査はあるけど、妊娠させた生徒の調査はないいんだって。なんでだろうね。

金子：人にも恵まれ、経済的にも恵まれているってこと？
愛海：経済的には並みより上かも。翔太の稼ぎだけでなく、うちも働いてるよ。
金子：子ども、まだ小学校行ってないよね。いつから働いてるの？
愛海：子どもが一歳ぐらいの時から。翔太が、いきなり仕事をやめてきちゃって、中卒の職人だから次の仕事先がないわけよ。貯金もないし。どうやって生活していくのかも考えずにやめてきた。その時がいちばん辛かったかな。どうすんのよって。それで、あたし夜職（キャバクラ）始めたの。
金子：一六歳で妊娠して一七歳で産んで、その年から働きはじめたの？
愛海：そう、そう。赤ちゃんを翔太にあずけて。それしか方法がなかったから。
金子：赤ちゃんを翔太さんにあずけて出かけるのは、辛くなかった？
愛海：辛いに決まっているよ。すごくイヤだった。一〇か月でおっぱいはやめたんだけど、最初はワーワー泣いてるなか、うちは家を出ないといけないわけでしょ。それはほんとにイヤだったな。子育てに慣れてない翔太にあずけて、お店に出てイヤな客の相手をしなきゃいけないって、自分がみじめだった。
金子：それで、何時に帰るの？
愛海：日によるけど、週末とかは朝五時とか六時とか。キャバクラは送迎があるの。帰る時は送迎で。行く時は翔太が送ってくれた。
金子：思い切った行動をとったね。
愛海：実は、今も続けているよ。キャバクラでは、そりゃやっぱりイヤな思いもしたけどね。でも、やめるタイミングがわからなくなっちゃったの。

一般の感覚を身につけておくという工夫をしたんだね。

カッコいい!! 学校で教えられることって、どのくらいあるんだろう。

金子：稼げるから？

愛海：そう。うち、接客うまいと思うんだよね。だから、やめるタイミングがわからない。いまだにやめられてない。今でもたまに行ったりしてる。でも、途中から昼間も働きはじめた。夜だけにしぼると、世間からズレていくし、よくないなって思って。

金子：キャバクラに行く時、近所でウワサになったら、とは思わなかった？

愛海：子どもの幼稚園とかで？　あっ、それは思ったよ。すごい思ったけど、夜の仕事をしてるから家事をおろそかにするとか、育児をおろそかにするとかしなければ、自分なりにいいって割り切った。そこだけは自分のなかでかなり努力したよ。

金子：妻を水商売に出すことに、翔太さんは抵抗とか嫉妬とかしなかったの？

愛海：あの人には、そういうのはないんだよね。

金子：あー、そうかぁ。抵抗はないのかぁ。実は、私みたいに、堅い仕事といわれる教員なんかが、水商売に対する偏見をもっているのかもしれないね。それで、翔太さんは今は仕事に戻ったの？

愛海：翔太は、仕事には戻ったけど……。うちがさ、夜職もやってると稼ぎがいいじゃん。だから、やめろってことは言われない。なおさら、うちがいつやめていいか、わかんないんだよね。それで、自分で判断して、昼職でもやったら夜職はやめられるかなと思ったけど、昼間のパートで働いても月四万、五万じゃん。バカバカしいから、やめられなくて、だったらと思ってお金を貯めて、実は去年の三月に家買ったの。

金子：買ったの⁉　すごいじゃん。あなたと話していると、今さらながら自分のなかで「不良少女」のパターンができあがっていることに気づかされる。「一三歳で学校来周りが学生で遊んだりしてるのに、自分だけ子育てって、けっこうしんどいよね。

子どもは泣くのが仕事。

なくなっちゃった女の子の末路（まつろ）は哀れにちがいない」と勝手に思っていたかも……。当時の中学校の先生方も、そんなこと言ってたし。大逆転の、驚きの事実になるよね。

愛海：うん。見返せるかも（笑）。まあ、いいことばっかじゃないけどさ。翔太が急に帰ってこなくなったこともあった。あたしが仕事の両立で疲れてピリピリしてるから、帰りたくないなんていう時期もあった。うちからしたら知ったこっちゃないっていうか。夜、キャバクラ行って、昼間も働いて、家事も育児もしてでしょ。そりゃあ、ピリピリもするわって。でも、そういう気持ちをいちいち言ったらケンカになるし、あたしはずっと黙ってるよね。

◆出産で何が変わった？

金子：一緒に遊んでいた先輩女子友だちとの関係は、どうなったの？

愛海：友だち関係は、子ども産んでから切った。自分の生活のことでいっぱいいっぱいだったから。妊娠して子ども産まれる直前から、全然遊ばなくなった。

金子：翔太さんの家族とは仲よくやってるの？

愛海：向こうの実家には、翔太のおばあちゃんも一緒に住んでたんだよね。そこを出てアパートに行った理由が、おばあちゃんに子どもの泣き声がうるさいって言われたこと。それがストレスになるならと思って、アパート借りた。義理の親にも実家にもなんにも言わないで、自分たちで勝手にアパート決めて、勝手に引っ越した。そっから疎遠（そえん）だったの。一、二年くらい。

金子：えっ、でも、家借りる時の保証人とかは？

タイマー機能で月イチ家族写真を撮ってみては？

愛海：全部自分たちでできるよ。保証人は、保証会社使えばいらないんだよ。

金子：えっ、そうなんだ。私よりか、いろんなこと知ってるね。それは、キャバクラで働く前でしょ。翔太さんがけっこう稼いでくれたってこと？

愛海：うん、月二五万ぐらいかな。でも、私も食費を月三万で工夫していた。

金子：そう考えると、別れずに暮らせる結婚相手をお互い選べたってことかもしれないね。若い時の決断ではあったけれど。

愛海：普通にはね。ダンナとしてはどうかと思うこともあるけど、父親としてはいい人だと思う。でも、子どものことを気にかけてくれる分、うちはずっと独(ひと)りだなって思うこともある。ケータイの写真を見返しても、うちはどこにもいないの。実家とも義理の親とも、二年ぐらい全然会わなかった。そしたら翔太の親から「やっぱり孫に会いたい」って連絡きて、そこまで言うならいいんじゃないってことで、ちょくちょく会うようになった。もちろん孫はかわいがってくれるしね。親戚からも誰からも子どもを差別されたくないから、保育園じゃなくて、絶対に幼稚園に入れたいと思った。

金子：一七歳の母はちょっと目立つけど、今、二二歳になって落ち着いた雰囲気のあなたは、周りの保護者と比べても、少し若いお母さんかなと思われるくらいで、幼稚園の保護者会でも浮いたりしないんだね。

愛海：全然ない、ない。うち世間話も普通にできるし。でも、子どもが小学校上がるとなってくと、自分が中学校も高校も行ってなかったから、学力がないことで……うちがどこまでこの子にしてあげられるんだろうなぁと、不安に思うことはある。

金子：もう完璧に子どもの行く末を案じる母親だね。まだ、二二歳なのにね。

グチを言える相手が一人でもいると違う。ガス抜きは大事!!

愛海：子どもが一八歳で成人式の時、うちが三五歳だからね。

◆「私は自分の子どもを信じる」が、いちばん心強かった

金子：今まで話聞いてても、あなたは、不満とかグチとかは言わないよね。思えば、中学校の頃からそうだったよね。親のせいにしたり、自分を責めたりしないのは、なぜなんだろう？

愛海：グチは唯一、翔太にだけは言いたくて、何回もチャレンジした。でも、何回か話してみたけど、納得いく答えは返ってこないし、だから、もう言わないよね。

金子：あなたのその強さは、いったいどこからきてるの？

愛海：うちは、責任感で生きてると思う。中学校行きませんでした、同棲しました、子どもを産みました、だから人の人生を背負ってます、って感じ。子どもには普通の生活をさせてあげたい。全部投げ出したくなる時もあったけど、やっぱ、そうしないのは、うちはその責任感が強いんだと思う。

金子：水商売は辛い仕事だから、自分にご褒美（ほうび）って感じで、稼いだお金でブランド物を買ったり、ホストクラブ行ったりする仲間もいるよね。見ているでしょう？

愛海：毎日、同伴で飲み行ったりしている人もいるね。

金子：あなたは、付き合わないわけでしょ？

愛海：行かないね。なんだろ、稼いでさ、バカみたいにお金使っても、先が見えないじゃん。うちは、この先の不安のほうがでかいんだよね。稼いだお金で、いくらでも遊べるし、いくらでも好きなもの買えるけど、それほんとに今必要？　って思った

堅実だなぁ。

オトナの憶測が子どもを傷つける。特に立場のあるオトナは自分のもつ権威を自覚しないと。

ら、必要ないんだよ、うちのなかではさ。もちろん、必要なことにはお金使うよ。一七歳で子ども産んでからさ、健診とか手続きとか子ども連れて行くところ多くて、まずは車の免許はほしいって思った。キャバクラでお金貯めて、速攻で免許取りに行った。やりたいこと決めたら、がんばれるんだよね。

金子：一人で決めることに迷いはない？　孤独とか寂しいとか、口に出してもいいのにね。

愛海：翔太にも相談しないし、だからといって親にも話したりしない。だって、親に話すと翔太を悪く言うから、面倒。やっぱ、翔太は身近な人だから、いい思いしてほしい。悪く言われるのイヤだから、家のグチは誰にも言わない。

金子：どうして人として、そんなに早くおとなになっちゃうんだろう。小学校の頃のエピソードで、一人で生きていくって決心したようなエピソードがあったら教えて。

愛海：小六の時に、一人の男子がいじめられてたの。ハブられて学校来なくなってたの。それを見て、あたしは不快に思ったの。それでリーダー格の男子のDに、やめなよって言ったんだよ。そしたら恨まれて、小学校の卒業のお別れ会でドッジボールした時、Dが頭でチームをつくる役割だったんだけど、うちだけ仲間から外された。そのことがきっかけで、卒業するまでポツンと一人になった。その後、担任から家に連絡が入ったんだよね。担任は、うちが一人でいるのは「きっと、友だちによくないことを言ったからにちがいない」って、どうでもいい話をしたんだよ。うちからしたらさ、え？　って思うじゃん。でも、母親が電話口で「私は自分の子どもを信じる」って言ったのを聞いた。担任とか信じちゃダメとも思った。でも、あん時は、母親の言キャバクラも立派な仕事。ただ、女性性を使う仕事だし、ダンナには止めてほしい気持ちがあるのかな。

葉は心強かったかな。ずっと今も。だから、母親と自分を信じてるよ。
金子：あなたのお母さんは、中学生の娘が彼氏のところに行ってしまっても、全然うろたえてなかったもんね。娘を信じてたってことなのかな？
愛海：お母さんもたぶん、あたしみたいな生き方してたと思うんだよね。お母さん、ほんとは看護師になりたかったけど、親の反対でなれなかったんだっていう話をしてくれた。だから、私には、自分の生き方を選んでいいって思ってくれたんじゃないかな。その話は響いてるよね。今は別に何かやりたいとかはないけどさ、普通に堅実に働いていく。キャバクラでもなんでも、仕事だし。仕事がなくなって稼げなくなったら、うちが社会的に信用されなくなる。そこがいちばん怖い。
金子：子どもを幼稚園に通わせて、家買って、翔太さんも稼いでくれれば、この先も、そんなに困ることは起きないと思うけど。
愛海：今の生活は翔太の望みでもあったから。正直、ローンはきついけどね。でも、お金に困ったら、もっと働けばいいし。働き口はどっかしらにあると思うんだよね。どんな仕事でも、バカにしないで働けば、その環境に慣れちゃう。最初の一歩が怖いだけで、やろうと思えばなんだってできると思う。
金子：キャバクラから昼間の仕事だけに戻ることも、できる？
愛海：いつでも戻れると思う。それはほんと、自分しだいだよね。もちろん、あたしの周りにも、キャバクラで働いてホストにはまっちゃう人もいるよ。やりたいならば、一回やってみればいいよ、別に止める必要ないと思う。やってみて、後悔は自分がすればいいこと。人に後悔するよって言われても、ダメ。うちは、周りに止めてくれる人が誰もいない。キャバクラで働いても、悲しむ人もいないいんだよ。でも、これからは子どものことを考えると、しなくていいことはいくらでもあるから、いつかは自分で決めてやめる。うちは、人の迷惑を考えられない人って嫌いなのよね。

金子：いくつになっても、男性に振り回されてしまう女性もいるけど、あなたは一三歳で選んだ男性とお互いに成長しながら、しっかり暮らしている。一般的には「早すぎる」とか「ふしだら」とか「非行少女」の枠でくくられるけど、あなたはそうじゃないってことをいろんな人に伝えたいな。

愛海：もちろん、一四歳の頃は遊んでたこともあったし、周りには法に触れる薬をやってる人だっていたし。でも自分で、絶対そこにはいかないって決めていた。薬は絶対やらないって貫き通して生きてきた。人生って、こっちがあきらめちゃえば、もったいない時間になる。この先にいいことだっていくらでもあるし。

◆好きだけじゃ暮らせない

金子：もう一つ聞いてみたいけど、早い時期の結婚と出産で後悔することはないの？

愛海：後悔はないよ。あたしがいなくても、この子は育つと思うけど、実際、どんな環境でも人は育つし。この子は、あたしがいなくても笑ってると思うし。でも、あたしが成長を見届けたい。翔太が働いてない時は、離婚したほうがいいってアドバイスしてくれる友だちもいたよ。でも、その口で「子どもがかわいそう」とか言うんだよね。結局、どんな選択をしても、他人はなにかしらのウワサをする。うちが中学行かなくて、今こういう生活をしてることは、やりたくてやったこと。子ども捨てて新し

い男のとこに行くよりも、自分で産んだ子どもをずっと見続けるほうを選びたい。
金子：ママ友とかはできたの？
愛海：けっこういる。同級生だったBさんも、早くに結婚したけど、もう離婚した。その娘が障がいあるんだけど、いろいろ相談にのってあげている。いろんな病院行ったり、車出してあげたりしている。
金子：シングルマザーは大変だね。じゃあ、そういう子たちとはよく会って話すの？
愛海：うん、電話でもよく話すし。
金子：周りの子たちも、いろんな経験積んで、おとなになってるんだね。
愛海：うん。今だからわかりあえることもある。
金子：同級生の男子は、二二歳だと、まだ子どもっぽいでしょ？
愛海：いとこだって、二五歳過ぎても、まだバカやってる（笑）。そう。だから、うちは、年下とか同い年くらいだと、まあ子どもに見えちゃってさ。話してても全然中身がない。普通に考えたら人から嫌われるようなことを口にしちゃうところとか。なんかもう話が続かないから、女の子とばかり話している。
金子：翔太さんは、お父さんとして成長したのかなぁ？
愛海：お父さんとしては、まあまあ。だけど、うちからしたら、子ども（笑）。年齢は三〇歳近くても、そういうことになっちゃうんだよね。やっぱり、好きだと甘やかしちゃう。どうしても。ほんと男と女って大変、面倒くさいなって思う……。
金子：一四歳とか、一六歳の子たちが、彼氏と一緒にいたい気持ちでいっぱいになって、中学校や高校やめたいという相談受けることもあるけど、一三歳で決断したあな言葉が的確だね。一緒に暮らすとなったら、ご飯つくんなきゃいけないし、洗濯しなきゃいけないし、っていうのが現実。いかに自立しているかにかかってる。

たならば、どうアドバイスするの？

愛海：うん、好きだけじゃ暮らせないと思う。相手に巻き込まれないでほしい。で、一度決めた自分の選択を変えるのは、アリだと思う。変えるにあたって、どうするか。うちは、男と暮らして別れたらどうやって生活していくか、常に考えているよ。今も、家まで買って一緒に住んでるけど、もし別れることになって家出たら、アパートに入って、家賃払って、暮らせるのか。いつも男と別れた時を考えて、自分に何ができるかを想像したらいいんじゃない？

金子：なんか、人生相談のコーナーの回答者みたいなアドバイス（笑）。今日はどうもありがとう。こんどまた会って、いろいろ話聞かせてね。

愛海：うん。こんど子どもあずけるから、一緒に飲みに行こうよ。うちも、おとなの大先輩の話を聞いてみたいし。

おとなは、一見よくないことについて指摘しなければと思って、注意します。それでも、わが道を行き、家を建てた愛海さんのバイタリティ、そして、愛海さんのお母様が、愛海さんの力強さを見抜き、信じていたことが印象的でした。そばで見ている先生はヒヤヒヤするだろうけど、それぞれが自分のペース、順番で、それぞれの幸せの形になっていくといいな。

年齢によって「あなたはまだ若いから」とか「もう年齢がいってるから」とか決め

大切なのかを基準にして過ごせるといいよね。

自分が中高生だった頃を思い出しても、こんなにもサバイバルする力なんてなかったなぁ。家族のなかで、友だちとのなかで、学校のなかで、認められたくて、ハブられたくなくて、必死に生きていたけれども。今から思えば後悔もあるし、自信もある。不安もあるし、喜びもある。そっか、それぞれの人生は大きく違うけど、自分も他の人もみんなサバイバルしてきたんだ。ほんの少しだけど、自分を認めてくれる人、語り合える人がいるなかで。自分とはまったく異なる愛海さんの人生を聞いて、そんなことを思ったよ。

学校に行かないで生きていく方法もあるよ

須永祐慈（すながゆうじ）さんに聞いてみた

「子どもなら学校で勉強するのが当たり前でしょ」「学校に行かないのも個性、いいじゃん」不登校の子どもたちについて、いろんな意見が交わされる場面があります。実際に学校に行ってない子どもたちは何を感じ、おとなになってからは当時のことをどう振り返るのか。自身も不登校を経験した須永祐慈さんにお話を伺ってみました！

◆学校に行かなくなった頃

――須永さん、自己紹介をお願いします。

須永：須永です。ＮＰＯストップいじめ！ナビという、いじめ問題について取り組む団体の副代表をしています。今から三〇年ほど前に、ぼく自身も不登校をしていました。

――三〇年前と今だと、不登校をめぐる状況は変わりましたか？

須永：子どもたちの話を聞くと、正直あんまり変わっていないことのほうが多いかな

【NPO法人ストップいじめ！ナビ】
連絡先は次のとおり。
https://stopijime.org/

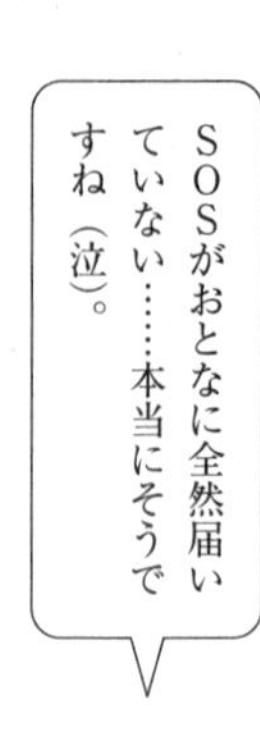

と思います。変わってないことのひとつは、学校の雰囲気ですよね。ぼくの場合には、小学四年生の時、後ろの席の子が授業中にぼくの背中を鉛筆でつんつん突っついてくるようになり、いじめにエスカレートしました。最初はちょっとしたいたずらだったんですけど、その子に「うるさい」と言ったら、先生に怒られたのはなぜかぼくだけで。先生も子どもによって態度を変える人だったんですよ。

――でた、えこひいきする先生……！

須永：それからは体操着や上履きを隠されたり、消しゴムのカスを頭にのせられるようになって、あいさつしても無視されたり。子どもたちに聞くと、今でもそういう学校の雰囲気って全然変わってないですよね。給食の時、たまたま牛乳でむせたら、あだ名が「牛乳」になっちゃうとか……。そういうちょっとしたことがきっかけで、どんどんあげ足をとられて居場所がなくなっちゃう。

あと、昔と今で、変わってないなと思うのは、不登校になるまで子どもとしては一生懸命なんとか周りに訴えているのに、そのSOSがおとなに全然届いていないこと。コップに例えると、子ども本人としては辛い気持ちがもう満杯になっていて今にもあふれそうになっているのに、周りのおとなはコップにはまだ二〜三割くらい、まだまだいけるだろうって思っています。子どもとしては「こんなに辛いのに自分の周りにいる人たちはかまってくれなかった」という気持ちになる。結局、学校に行かなくなるというのは、もうボロボロになって、どうにか振りしぼった最後の一撃みたいなところがあります。

◆これをしてもダメ、あれをしてもダメ

――学校に行かないって、そう簡単なことじゃないですもんね。

須永：ぼくの時は「マイナスエネルギーで玉砕(ぎょくさい)する」みたいな気持ちでした。最初の一週間は病欠扱い、そのあと「須永くんは教室に入れないんだ」なんて説明が、先生からみんなにされたようです。はじめは図書館にだけは通ったらどう？　保健室だったらいいんじゃない？　なんて言われるままに、しばらくはそこに通いました。でも、保健室にだって休み時間になれば他の子が遊びに来て、顔を合わせてしまうわけです。

――「なんでここに来ているの？」って聞かれちゃいますよね。

須永：そうそう。他の子に会うから、もうここにもいちゃいけないんだ、という気持ちになるし、きわめつけだったのが給食にでた納豆ですよ。納豆のしょうゆは、なぜかクラスに一本しかなくて、それを教室まで取りに行くように言われたんです。保健室の目の前に給食室があるのに……！

――それは教室に行け、というワナですよね？

須永：納豆の事件があって、「もう絶対に学校には行かないんだ」とはっきり言うようになりました。それから二～三か月は、ずっと寝ていたりゴロゴロして過ごしていたりしたんですが、気持ちが休まるかといえば全然違う。近所の子たちが登下校をする

時間になると、その子たちのランドセルにつけているスズの音なんかが聞こえてきて、そうすると、もう目が覚めて、胃痛がキリキリして、また傷ついて……。

——辛い毎日ですね。ご家族のリアクションはいかがでしたか？

須永：親は「学校に行けないのは仕方がないよ」と言ってくれました。でも、ぼくに元気になってほしいとすごく心配もしているわけです。気分転換に昔の城を見学に行こうとか、鍾乳洞（しょうにゅうどう）はどうだろうとか、いろいろ提案してくれました。でも、ぼくにはもうエネルギーが全然ないから、そうやって提案されていろんなところに行っても疲れはてちゃう。平和きわまりない日帰り旅行でもダメ。なにをしても辛い。「これをやってもダメだった。あれをやってもダメだった」の積み重ねで、不登校になって半年たった冬の頃にはもう、なるべく家にいるようになりました。春からはまったく家から出られない状況になりました。もう、人の目すべてが怖かった。だれかに会えば「なんで学校行ってないの？」って聞かれてしまう。そのたびに「自分は悪いことしてるんだ」「自分にはいろんなことを楽しむ資格もないんだ」と思っていました。

◆ほかにもぼくみたいな人はいるんだ

——そこから少し状況が変わったのは、いつ頃でしょうか？

須永：四年生に不登校になって、それから六年生までひきこもったんですけど、家の雰囲気が少しずつ変わっていって、居心地がよくなる雰囲気はありました。

ぼくの親は、もともと犯罪をおかした少年の支援の仕事をしていて、「学校に行かな親がつながりをもってくれると助かるー。

情報を受け取るにも、受け取る側のタイミングがあるし、多すぎても受け取りきれない。

いんだったら将来はホームレス、もう人生はおしまい！」なんてひどいことを言われていた不登校について、まだ理解のあるおとなだったんです。不登校になってすぐにフリースクールのことを調べてくれました。フリースクールというのは、学校に行っていない子どもたちが安心して集まって過ごせる場所です。ぼくは、最初は完全にスルーしてたし、外出できる状況じゃなかったんですけど、親は「登校拒否を考える親の会」に参加したりして、親自身がラクになっていったことがあって、家にいても安心できる雰囲気になっていきました。やっぱり外には出られないんだけど、「ぼくのことをわかってくれるようになった」と思うことがあって、辛い状況を言葉にできるように変わっていきました。ひきこもってた当初は「辛いヒマ」だけですべての時間が埋め尽くされていたのが、だんだん「もっと楽しいことに時間を使いたい」とか思えるようになりました。

――そばから見たら、家から出られないのは同じでも、感じ方が変わっていったんですね。

須永：「辛いヒマ」が「本当のヒマ」に変わっていった感じです。それで、ひきこもりを二年半やった小学六年生の秋からフリースクールに足を運ぶようになりました。

不登校になってすぐ、親はどうやらフリースクールのことを調べてぼくに紹介してくれていたみたいなんですが、ぼくはそれどころじゃなくて、リーフレットを見せられたこととかも記憶になかった（笑）。でも、ひきこもってからだいぶたった頃にフリースクールの本を手にとってみたら、それまでぼくしかいないんだと思っていた孤独が、「ほかにもぼくみたいな人はいるんだ」という発見に変わりました。学校外で前向きに生きられる場があるんだ！　って。

◆学校とは違ったフリースクール

――フリースクール、実際に行ってみたらどうでしたか？

須永：最初はめちゃくちゃ緊張して、一～二か月ぐらいは行って帰るだけでしたね。みんながわしゃわしゃしてるのを見て帰るだけ。ずっと家にいて、そもそも外に出ること自体も緊張しているから、全然話せませんでした。でも、みんなが楽しそうにしてる雰囲気があって安心感があったから、見るだけでも満足してました。一人でいてもいいって雰囲気で、スタッフの人は様子を見て、ときどき「トランプ一緒にしない？」とか「こういう講座があるけど来る？」とかって誘ってくれる。最初は断っていたんですが、だんだん出るようになりました。本当は興味があって、参加できるとうれしかったです。通っていたフリースクールには、スタッフと子どもが一緒に参加するミーティングの時間というのがあって、これも最初は緊張するからイヤだったんですけど、だんだん慣れていきました。いろんな人が自由に過ごしたいと思っているから、そのなかではやっぱりルールがいるんですよね。音楽が好きな子が多すぎると、一日じゅう音が鳴っていて、静かに過ごしたいと思っている子が辛くなる。だったらどうしたらいい？　じゃあ静かに過ごすための時間もつくろう、とか、そういうことをみんなで話して決めていました。学校では経験したことがなかった、ちゃんとみんなが尊重されていて、みんなで決めていく感じは安心できました。そこから講座

夜中ずっとディスコするの楽しそう！　それやりたい！

に参加したり、農家に行く日があるなら行ってみたり、楽しくなっていきました。

――印象に残っていることはありますか？

須永：旅行のプロジェクトがあって新潟の山里に行く企画をしたり、北海道や広島、沖縄に一～二週間ぐらい行ったりしましたね。あとイベント好きな子が多くて、誕生日会を盛り上げたい子が実行委員会をつくって、毎月出し物やってたのは楽しかったですね。司会をやりたい子、料理をする子、音楽がやりたい子。サプライズもきちんと用意して、その月に生まれた人をまとめてお祝いします。あと、ハロウィンの時は盛り上がりすぎて一泊イベントになり、夜中ずっとディスコしてました（笑）。

――真夜中のディスコは、学校ではまずないイベントですね！

須永：フリースクールもいろんなところがあります。小さなおうちでやっているところ、ビルを全部借りているようなところ、人数も七～八人のところから、二〇〇人も子どもが来るところまで、さまざまです。でも、どこもやっぱり「安心してここにいていいよ」って認める雰囲気を大切にしているのが共通点じゃないかなと思います。

部屋の雰囲気も、畳のコーナーでマンガを寝ころびながら見られるとか、ソファや机があって誰かとしゃべりながらお昼ご飯を食べられるとか、卓球台、電子ピアノ、ギターがあったり、テレビゲームのコーナーがあったり……。自由に過ごせる雰囲気がフリースクールにはありますね。プログラムもいろいろ。言葉に興味がある子は日本語や英語を学んだり、宇宙に興味がある子がいたら専門の外部の先生をよんでやっちょっと年上の先輩で、自分と似たようなところがある人を知ってると、ほっとすることあるよね。

たり。音楽やヨガ、映像をつくってみようとかのプログラムもありました。参加するかどうかは本人の自由です。安心していられること、いろんなプログラムがあること、参加が自由であることが、フリースクールの特徴かなと思います。プラスアルファで、高校受験や大検を取りたい人には対策の時間もあって、勉強できるような机や椅子のコーナーもあったりします。

◆周りに話していくことが道になっていった

――フリースクールに行った後、須永さんはどうやって仕事を見つけましたか?

須永：フリースクール出身者は半数以上が進学するという調査がありますが、ぼくは学校に戻らなきゃとは思わなかったです。不登校だと将来がないんじゃないか、このまま何もできないんじゃないかって思う人もいますよね。その悩みって、すごく真っ当だと思う。でも、ぼくはフリースクールで出会った先輩たちが学校に行かなくてもどうやって生きていけるのか模索している姿を見ていたから、高校進学しようとかも思わず、フリースクールにそのまま通いました。

それで一八歳の時、「もうやりきったな」という感覚があったので、フリースクールを卒業することにしました。その時、親に「この春から、何もしないからよろしくね！」って言いましたね。しばらくふらふらするけど心配しないで、というニート宣言ですね。ふらふらしている状況だけど、友だちとつくっていたミニコミ雑誌をもう少しがんばりたいとか、バイトをがんばろうみたいな気持ちがありました。三〇歳ぐらいまでは自分の将来がわからなくて、「これだ」と思えるものはなかったです。でも、自分の関心とか、やりたいことを周りに話していくなかで、それが道になっていった感じがあります。

――「学校に行って就職して」という道ではなく、自分の道をつくったんですね。

須永：一八歳から一年間ふらふらした後、漠然と「学校に行かずに自分が経験してきたことは大事な経験で、いろんな発見があった。それは世の中にとっても大事な問いや課題なんじゃないか」という思いがあって、もっと世の中を知りたい、学びたいと思いました。その時、ちょうどタイミングよく、フリースクールがつくるオルタナティブな大学ができると知り、そこでは運営も学生がやるとのことだったので、次の道が見えました。ぼくが学んだのは主に教育社会学で、そのなかでもいじめや不登校、学校外の場所など、ぼくがどうしてこんなに苦しい経験をしてきたのか、フリースクールで育つってなんだろうってことを研究しました。とはいえ、しばらく不安は消えないし、その先食べていけるのかもわからないままでした。でも二五歳の時に、自分の研究や発信していることに共感してくれた、長く出版社で働いていた人と、小さな出版社をやることになりました。しばらくの間、出版の仕事にたずさわりましたが、その後、現在の「ストップいじめ！　ナビ」のプロジェクトにも関わるようになり、今に至ります。

ずっと迷いのなかではあったけど、小さな興味や関心をくり返し育んで、やりたいことを周りに話しながら、ちょっとずつ積み重ねていって、やがて何らかの道ができ、それが自分が生きていきたい道へとつながっていったのだと思います。

◆「道は本当はいろいろある」と伝えたい

――須永さんが不登校について、今あらためて何か伝えたいことはありますか？

須永：みんな「社会復帰」って言葉を使ったりしますよね。不登校やひきこもりから脱して、あわよくば働けるようになって……なんて。でも、ひきこもっている人たちから見て、仕事につくことは、はるか遠い一〇〇キロ先にあるようなことで、そこを徒歩で行け！　みたいな感覚なんです。でも、社会はそれをあたかも「みんなのすぐそばにあるもの」だとズレた理解をしています。まずは、すごく辛いところにいる人たちには「まずは水、飲んでいいよ！」って言いたいです。苦しい時には、それさえ自分には許されないような気がしてしまうから。学校に行ってない自分が外にラーメンを食べに行くことすら、後ろめたくなる雰囲気がある。でも「ラーメンも食べていいよ！」って。

よく世の中は「自己肯定感が低いのはよくない」とかなんとか言うけれど、違うんですよ。自己肯定感が低いんじゃなくて、自己否定感をいろんな場面で積み重ねざるをえない環境にあることが、問題なんです。自己否定せざるをえないような大変な状況にさせられてしまって、自己否定感でまるっと覆（おお）われてしまったことや、自分を縛りつけたものがあるはずです。それを、まずは「ご飯食べていいよ」「あなたが生きていることを肯定するよ」っていうところから、少しずつほぐしていきたいですね。そこから、学校に行かなくてもほっとして生きられる場、時間、人に、もう一度つながることはできますよ。

スタンダードな道を行っても、必ずしも健康でいられるとはかぎらない。健康第一！

――スタンダードから外れる不安について、どう思いますか？

須永：不登校が不安になるのって、中・高・大、就職という一般社会にあるスタンダードな道が正解だという価値観が内面化されているからですよね。みんな、それ以外の道があることを知らない。社会も提示してくれない。でも、実際には世間でスタンダードだとされている道なんて本当に狭い、ひとつの道でしかないから。道は、本当はいろいろあります。

スタンダードから外れることでの不安っていつまでも続くんですけど、いろいろと体験していくうちに、大きな不安は、気がついたらそんなに大きくなくなっていく。不安がもし風船だとしたら、不安をボンと破裂させて消したくなるけど、そのようなことをしたら衝撃も大きいからできない。だから、いきなり不安を消し去ろうとしなくてもいいと思います。とにかく生き続けていくと、いつのまにか不安の風船の大きさは変化していきます。そのために日常にある小さな体験、小さなつながりの積み重ねが大事なんだと思います。

――須永さん、ありがとうございました！

「自己否定感をいろんな場面で積み重ねざるをえない環境にある」っていう部分、自分もそういうふうに感じたことがあるし、誰かにそう感じさせてしまったこともあるのかも。「ほかにもぼくみたいな人はいるんだ」という発見が自分を受け止められたり、生きる道の選択肢が増えることにつながる感覚もわかるな〜。

学校に行かないで生きていく方法もあるってことを、ものすごく悩んでからようやく見つけだすんじゃなくて、早く知りたいよね。

学校に行かなくてもいいっていうおとなは、本当に少ないよ。そもそも、子どもに関わる親以外のおとなは「先生」しかいない場合が大半。とすれば、先生は学校に来させることが前提。でもフリースクールを利用するには、保護者の経済力も必要になります。子どもを社会全体で育むセーフティネットの網をもっと広げていかなくてはならないですね。

学校を卒業することや資格を取得することって、自分が生きてきたことをわかりやすく勝手に証明してくれる。それが履歴書になって、自分が社会に進出する時の武器になるという考え方がある。中卒より大卒のほうが給料がいい、というように。

須永さんは、人と違う形で、社会を渡っていくための武器をいろんなところから集めてきているんだなって思った。と同時に、共通して評価される学歴によらず、自分をアピールし、評価を得ていくことって、けっこう難しいんじゃないかと思った。それだけ自分が学歴社会に洗脳されているのかもしれない……。

9
"トーク&トーク"
talk & talk

なんで男子がジェンダーを学んでるの？

「なんで男子がジェンダーの授業をとるの？」なんて聞かれる時代は、もう古い⁉「ジェンダーの授業って、男性が怒られる気がして取りにくい」「ジェンダーを勉強してるって言うと、『意識高いね（苦笑）』って言われちゃう」「ネット上で炎上しちゃってて、ジェンダーのことって語りにくい？」そんな声が聞こえる昨今。大学でジェンダー教育学のゼミに入って学んでいる男子学生三人に、あらためてその学びのきっかけや思いを語り合ってもらいました。

＊**登場人物**（すべて仮名）
ヨシヤ：二一歳、大学三年生。埼玉県出身。
クウマ：二三歳、大学四年生。埼玉県出身。
アツシ：二一歳、大学三年生。新潟県出身。
※年齢・学年はインタビュー当時のもの

国会議員の一割しか女性がいない。ということは、自然に男性の意見が通りやすい。

高校生の時、ブラジル人の同級生の男の子に、生理中に気にかけてもらって、やっぱ日本人とは違うな、と思って惚(ほ)れた。

◆ジェンダー問題って他人事？

――ジェンダーなどに関する今の関心事は？

ヨシヤ：大学医学部の入試で女性が不利になるような得点調整をされていた問題が気になってる。性別で選択肢やチャンスが限定されることに憤りを感じるし、自分は男性として知らず知らずのうちに利益を受けてる側にいたわけで考えることがあった。

クウマ：最近だと、性的暴行の事件が不起訴になるニュースがあった。女性が被害を受けていることが見えづらくなっていることが気になる。もう一つは、男性がどう家庭や自分の生活空間に関わっているか。男女のカップルで子どもがいる核家族で、男性は仕事以外の役割をどうになっているかに関心があるな。

アツシ：少し前に見たニュースで、子育て応援車両をつくる取り組みが東京都で行われるって話が気になった。朝の通勤ラッシュの電車にベビーカーを持ったお母さんが乗った時に、「ベビーカー持ってます、押さないでください」ってずっと言ってるのに、しょうがないからみたいな感じで人がどんどん乗ってきて押されてしまい、そのことをSNSにあげたら賛否を呼んだ、みたいな内容だった。その当事者を中心に、東京都知事に子育て応援車両をつくってくれませんかって訴えたみたい。へえと思ったけど、いろいろ問題あって難しいだろうなとも思った。

クウマ：アツシ的にはどう思ったの？

アツシ：朝にベビーカーで電車に乗ることが周りにどういう影響与えるかっていうのは、考えればわかるだろっていう気持ちもある。もちろん、そこには保育所に入れるジェンダーギャップ指数から見ても、日本は世界のなかで有数の「男女不平等」社会。

ことができなくて、仕方なく朝早い時間に連れて行かなきゃいけないっていう、そのお母さんの現状もあるんだろうけど。だれが悪いのでもないから、難しいな。

クウマ：保育園の無償化とかも言われてるけど、そもそも入れないっていうのが大きいね。

ヨシヤ：満員電車もそうだけど、既存の「男性中心に合わせていけよ」みたいな国全体の姿勢や政策に問題があるんじゃないかな。規定の型に合わせるように、女性のほうが働き方や生き方を変えてる現状があるから、そのお母さんも満員電車にベビーカーで乗らなきゃいけない。就活の時に働きやすさとか、子育てに優しいかどうかを女性ばかり考えなきゃいけないっていうのも、おかしい話。本来、男性も考えなきゃいけないことなのに、企業のほうも女性ばかりにその質問してくる。

——そういうニュースを、自分がベビーカーを持って入るっていう想定をしながら聞いたりする？

アツシ：あー、全然その視点はなかった。結局、他人事としか思ってなかったのかも。

クウマ：考えることはある。自分が小学校の教諭になった時に、職場に子どもを連れて行くことはたぶんないけど、自分がベビーカーを押してて満員電車ですごい窮屈な思いするっていうことは別に仕事に行く場面じゃなくてもあるので、そういう場面を思い浮かべると、やっぱり他人事じゃないな。

——ジェンダー教育学のゼミに入る前は、こういった問題に関心をもっていたの？

クウマ：全然なかったです。

ヨシヤ：中学くらいの時、自分の男らしさ、容姿とか恋愛とかについては考える機会があった。

アツシ：モテたかったしね。

ヨシヤ：うん、モテたかった。うちは母方の祖父も父方の祖父も父も頭髪がなかったので、遺伝子的に絶対ハゲるなって思って、すごい危機感というか、あせりというか、ストレスになって、いろいろ調べました。やっぱりイケメンって髪の毛ふさふさでカッコいい人も多いから、モテなくなるのはイヤ。

クウマ：思い返せば、姉は「家のことやれ」ってすごく言われていたのに、自分は別にそこまで言われないっていうのは、自分にとってはラクだけど、自分が男だからなのかなと思ったことはあった。あとは、進路とか考える時にも、親から「女の子だったら専門学校でもいいけど、男だったら今は安定したほうがいい。公務員とか教員はいいよ」みたいな言葉をかけられたり。そういう時に、別に性別とか関係なくない？両親とも今働いてるじゃんとかって、モヤモヤしてた。

アツシ：当時はそう思ってなかったけど、今思うと、ジェンダー、セクシュアリティに関することだったんだなっていうのはあったかもしれない。

◆ジェンダー論を学ぶと生きにくくなる？

――そういう意識のなかで、今のゼミに入った理由は？

クウマ：僕のきっかけとしては、もともとそこまでジェンダーに興味があったから入フィンランドでは、性教育が小中高で必修とされ、大学受験の科目にもなっているらしい。

ったっていうんではなくて、ゼミ生がみんな、男とか女とか性別関係なく活発に議論をしていて、そういう雰囲気がすごくいいなと思ったから。自分のなかでの今までのイメージだと、男がめっちゃしゃべってて、女性は沈黙、控えめにみたいなのがあったけど、違っていた。すごい関心があるテーマもなかったから、だったらこういうふうに話せるところのほうが、きっと学びがあるんだろうなって思って選んだ。やってるうちに興味が出てきた。

アツシ：僕も興味があってこのゼミ選んだってわけじゃなくて、どのゼミ選んでも自分がやりたいことができるって言われてたから、わりとどこでもいいかなって思ってた。そのなかで、本当にくだらない理由なんですけど、ジェンダーとか性教育、特に性についてちゃんとしたかたちで学べる環境っていうのが、まず自分のなかで新鮮すぎて。たぶん性がタブー視されてるとかも相まってるんですかね。たとえば、誰かに大学で何やってるんですかって聞かれた時に、「ジェンダー教育とか性教育について学んでます」って言える自分、カッコいいみたいな。

ヨシヤ：自分は、理由が二つある。一つは、子どもの貧困に対して、もともと自分の生育環境から興味をもって勉強したいと思っていたんだけど、大学一年生の時、子どもの貧困の背景に、男性と女性で親の給料や立場が違ってくることがわかって、そういう深いところに問題があるんじゃないかと思ったこと。

もう一つは、性に関することって、すげえタブー視されてたなっていうのがあって。高校でも、先生が雑談でちょっと下ネタ的なこと話すと、みんな今まで笑ってたのに、急にスンって空気になってた。自分としては、もっとオープンに話してもいい

んじゃないかみたいに思ってたけど、やっぱりそういうのを話せない。学校で教えられないんで、マンガとかネットとか友だちからしか情報がこなかった。女性が好意をもった男性にすぐ○○みたいな、すげえ偏った展開のラブコメばかり見ていて、それで自分の恋愛観も形成されてきちゃってたわけ。でも、ゼミの授業では「それ言うの⁉」っていうことをバンバン言ってるわけ。

アツシ：あるある（笑）。

ヨシヤ：それも大学だから学べることなのかなって。ちょっとラブコメで凝(こ)り固まった自分の脳をときほぐしたいって危機感もあったし。できなくて、恋。今もそうだけど、なんか全然うまくいかない。

アツシ：そんなに⁉　本当に？

ヨシヤ：ある意味で女性を神聖視してしまうというか、「女性」って思ったら人間的なところまで見れなくて、表面的に「女性」っていう性でしか見れなくて……。

クウマ：わかるな、ちょっと。友だちとして見てれば、いいとこも悪いとこもいっぱいあるよねって受け入れやすいのに、なぜか恋愛ってなると全部減点式な感じで見てしまって、悪いところばっか見えてきちゃって簡単に冷めちゃうし、つながりが弱くなっちゃうとこある。やっぱりそれは女性を神聖視してるのかも。

ヨシヤ：今思うと、すごいつくられてるっていうような、自分のなかでの固まった恋愛観とかない？

アツシ：あるけど、正直それと向き合ったら楽しくないから……。

クウマ：わかるかも……。

アツシ：なんとなく気づいてはいるんだよね。恋愛だからって期待しすぎるところもあるし、だからうまくいかないんだよね、わかるけど。

ヨシヤ：自分は高一の時に父親が他界して、それからはずっと専業主婦やってた母親がひとり、今は最低賃金レベルの病院の食堂で働いてる。女性が働くことに関して、これが男性だったらどうなんだろうなって考えた時に、ジェンダー・セクシュアリティの話が自分のことに結びついた。それ以外の、ほかのいろんな問題に関しては、全然、自分事としてはとらえられてなかったなっていうのはある。

クウマ：このゼミで勉強するようになって、たとえばニュースとか見ててジェンダーの問題だって目につくようになった。ずっとあったことなんだけど、今まで全然気づかなかったことが、すごい目につくようになった。あとは、たとえば大規模な飲み会だと、いろんな人がいて、「男には飲ませていい」みたいな風潮が多少なりともある。そういう時に「男だからっていう理由で飲ませないで」って言えるようになって、ちょっとラクになりました。お酒は好きだけど、自分はめちゃめちゃ弱いし、飲まされたくない時もある。

アツシ：すげえ、それはまさにジェンダー論を学んで生きやすくなった体験だ！　なんだか逆に生きづらくなった説ありますもん、自分は。

クウマ：それって、どういう時に感じる？

アツシ：勉強はじめた最初は「これジェンダー問題だ、そういうのやめていこうぜ」みたいな感じになれたけど、最近はなんか、それ楽しいのかなって……。ジェンダーの感覚をみんなもってて楽しいのかなって、すごい思うことが増えてきて。「それジェンダー問題だから」って場を冷ますことで楽しくないんだったら、そういうの言わないほうがいいんじゃないのみたいな。考えなきゃいけなくなったから苦しくなった、むしろ。

ヨシヤ：ああ、なるほど。

アツシ：バカ騒ぎできなくなったみたいな感じ。ジェンダー学んで生きづらくなったことって、自分が今まで楽しんで遊んでたおもちゃを、それダメでしょって取り上げられた感覚にすごい似てるなって、ずっと思ってて。共感してもらえるかわかんないけど。

ヨシヤ：たしかにおもちゃ取られたら、がっかりするし、生きづらくなるっていうのもわかるんだけど……どうなんだろう。はたして、ずっとそのおもちゃで遊んでることがいいことなのかって。その場その場ではいいかもしれないけど、結局は誰かを傷つけてることになるし。

アツシ：そうだね。

ヨシヤ：自分自身も誰かをこの行動で傷つけてたんだって気づいたから、ジェンダーのことを考えなきゃいけないっていうのもあったけど、それ以上に、一つの問題に対していろんな人の立場とか視点で見られるようになったと思う。優しくなれたし、パニックというかあんまりあわてなくなったかもしれない。わかりやすく言えば、視野が広がったかな。

アツシ：ジェンダー学んだことがきっかけかわかんないけど、いろんなことに関して視野が広くなったっていうのは、すごい共感できる。本当に？　マジ？　みたいに、生まれた頃から男性って下駄はいて生きてるからそうなるよね～って、女性的には思っちゃったりする。

懐疑的（かいぎてき）になったようなとこあるよね。

――勉強すると逆に生きにくく、苦しくなるとか、今まで気にしなかったことを気にしなくちゃいけないことの生きづらさって、特に男性から言われることとって多いと思うんだけど、どう考える？

ヨシヤ：やっぱり、なんだかんだ今までは男性優位っていう感じだから、それがなくなっちゃう、特権なくなっちゃうみたいな感じじゃない。

アツシ：そうね。たぶんそれ言う男の人たちは、自分がもってるのが特権って思ってない。プラスがゼロになったわけじゃなくて、ゼロがマイナスになった感覚しかもってない。そういう気持ちはまあわかるし、俺もたぶん無意識に言っちゃうことはあると思う。難しい。

クウマ：女性専用車両を指して、男性が逆に差別受けてるみたいに言う人多いよね。「朝の混んでる時間帯に、なんで女だけがすいてる電車に乗れるんだ」っていうのはSNSなんかでも見る。高校生の時、自分がどう思ってたかっていったら、やっぱり、痴漢の被害があるからそういうのが生まれたって背景をよくわかってなかった。知識として知ってはいても、「そんなにたくさん痴漢なんかないでしょ」って思ってた。

ヨシヤ：自分のプラスになってる面じゃなくて、マイナスの面ばっかり見ちゃいますよね、やっぱり。人間ってそういうもんかなって。だからこそ、その差別されてるって思ってるとこだけに目がいって、本当はもっと根本的なところに問題ってあるんだけど、わかりやすい女性専用車両みたいなところに目がいっちゃう。

女子であることは悪いこと
じゃないよ！

◆「女子かよ」って言われることの恐怖

――その他、これまでの人生のなかで、これってジェンダー問題だったなって思い起こすことある?

ヨシヤ：自分は小四まですげえぽっちゃりしてたんだけど、成長したとたんにめきめきとやせてって、ぽちゃってなってる自分に戻るのがイヤで、お菓子とかパンとかも油分や塩分を気にして買ってたんです。それを高校の時に、「女子かよ」「女々しいな」みたいに言われて。「健康気にしてる、太りたくない男」イコール「女」って。それが納得いかなかった。

アツシ：学校で、「女子かよ」って言われることの恐怖って、やばくない?

クウマ：あるね。

アツシ：めっちゃあった。マジでしんどかった。

ヨシヤ：「女子かよ」って言われるのも、マイナスの意味合いになってるので。

アツシ：死ぬほどマイナスだった、あれ。幼少期のことを今思い出したんですけど、俺『とっとこハム太郎』超好きで。それを言った時に、男の友だちに「それ好きとか女子かよ」とか言われたこと、まだ覚えてるもんね。

クウマ：あるよね。俺も甘い物。今でもチョコとか爆買いしてると「女子みたいだね」って言われる。別に今はそんなに否定的な意味合いっていうか、いじりみたいな感じで言ってる雰囲気ではないけど。

ヨシヤ：同じニュアンスで、「オカマかよ」とか言われたこともある。

自分をマイナスイメージで評価されるのは怖いよね。ＬＧＢＴＱの人がそう言われるのはもっと怖いはず。マイナスな存在じゃないのにね。

アツシ：そうそう、それが怖い。

クウマ：男らしくしなきゃいけないっていうふうにずっと言われてて、自分もそう思って生きてたから、やっぱ男じゃないっていうことを言われるのは、けっこう否定的にとらえてしまうのかな。

ヨシヤ：いわゆる男らしい人と比べて下に見られてるってこともあるのかな。競争、序列、みたいな。モテたかったし。それもあるんだよな。

アツシ：「オカマは気持ち悪い」みたいなものもあって、それになりたくないっていうのもたぶんあったのかなって。「オカマ」の表象のされ方も否定的だったし。

ヨシヤ：そうそう。やっぱりネタみたいな感じで、もう世の中的にイメージが完全にできあがってるから。「女々しい」とか「オカマ」っていうのはイコール、マイナスなイメージで怖かったのかもしれない。今は全然気にしなくなったというか、むしろそのいい面を考えられるようになったかな。たとえば「女々しい」とかっていうのも、細かくて、丁寧で、みたいな。リフレームみたいに、勉強していろいろとらえれるようになったんで、それで悩むことはなくなったし、むしろ他の見えてない部分を見つけてくれてありがとう、みたいな。だから、あんまり心乱されることはなくなった。

アツシ：それは強い。強すぎる。

クウマ：俺はダメだな。むしろ今までのほうが黙って受け入れてたっていうか、受け止めてた。そういうふうに言われた時に黙って流してたところが、逆に流せなくなって。その人が本当はどういう表現をしたかったのかっていうのが、すごく聞きたくなる。たとえば、「昨日料理したんだよね」って誰かが言って、「女子みたいだね」とかコメントされてたら、「それマメっていう意味だよね」って聞き返したりとか、「その表現、使う必要ないよね、なんでそういうのを男らしさや女らしさにつなげるの」って言っちゃうようになりました。

ヨシヤ：強い。

アツシ：今になって、全部がマイナスにはなんなくなったとは思う。プラスの面もあるし。でも、まだまだそれも残ってて。特に恋愛関係において「女子みたい」って言われるのは、すごい抵抗があるかもしれない。

クウマ：そうなんだ。それはなんで恋愛関係？

アツシ：なんだろうね。やっぱり自分のなかでまだ恋愛における男性ってこうだよねっていうのがほどけてないんだと思う。っていうのも、すぐ結果として見えるじゃないですか、恋愛において。たとえば、ここで別に男女関係ないよねって僕が思ってたとしても、向こうはそう思ってなくて、じゃあサヨナラって言われたら、傷つくのは俺だし。それだったら……みたいなね。

クウマ：それはあるよね。恋愛の話になってくると、また話がちょっと変わってくる。自分の特徴について言われた時には、まだ返せるけど、恋愛になってくると、たしかにちょっと難しい部分はあるかもしれない。

アツシ：「実害」が伴ってくると、そこに男女関係ないからとか、気持ちのなかではわかってるけど、そう言えない自分がすごい見えてきてる、最近。

ヨシヤ：恋愛になると正常な思考ができない。ラブコメだと、男の主人公がちょっといいことをやったり言ったりすると、すぐ女の人が惚れますよね。エロマンガでも、女が受け入れるって、どうなんだろ。異性間なら女の子の性欲を男の子が受け入れることもあるんじゃない？

もう令和の時代だし、無理しないほうがいいよ。

男がカラダ求めると女も気持ちよくなって受け入れるみたいな、そういうのが多くて、そういうもんなのかなと思っちゃって。でも、実際みんなの話をいろいろ聞いてると違うし、そんな簡単なことじゃないし、相性もあるし、みたいな。マンガを描いてる側はそういう知識はわかってるんだろうけど、読んでる人は必ずしもそうじゃないかもしれないから、間違った思考が形成されちゃう可能性がある。

クウマ：俺はマンガとかよりも、ちっちゃい頃観た特撮ものの『ウルトラマン』『仮面ライダー』の影響が強いかな。今だと戦隊ものは女性も含めた混合のチームみたいな感じになってるけど、特撮系のやつで男が戦う感じ、男のほうが強いみたいなイメージは、すごいつくられてたなって思う。別に自分がヒーローになるっていう感覚はなかったけど、男は女を守るんだっていうのは、そこでちょっとつくられてるかも。

◆自分のなかで言葉にすること

──最後に、一〇代の若者にメッセージを。

ヨシヤ：ジェンダーとかセクシュアリティとかについて知ることは、自分自身について深く知ることなのかなって、自分は思ってます。「らしさ」とか「男性として」じゃなくて、そもそも自分として、自分とは何かみたいなのを問うことにつながってくる。やっぱり一〇代って、自分をつくるっていうすごい大事な時期なんで、ぜひ、タブー視して放置しないで見れたら、絶対力になると思う。ただ、それは独りだとめちゃくちゃ辛いし、しんどいし、拒絶されることもあると思う。だから、そんな簡単に言えることではないんですけど、やっぱりそういう時こそ、一緒にやっていける人を

見つけることがすごい大事。

アツシ：一〇代へメッセージ。わかんねえ――。なんか自分もわかんないからメッセージとか言える立場じゃないんだけど、「らしく生きたほうがいいよ」「しなくていいガマンは別にしなくていい」っていうのがいちばん伝えたいかな、若い頃の自分に。でも、らしくっていっても難しいよな。自分らしさなんてわかんないしな。むしろ自分が悩んでる。メッセージほしいくらい（笑）。

クウマ：俺は、ジェンダーってそんな難しく考える必要なくて、自分たちの生活見ることだよってすごく伝えたい。ジェンダーって別に、概念ではあるけど、自分たちの生活をどう見るかっていう一つの視点だから。たとえばジェンダーを学ぶと、自分が男らしさとか言われてなんで辛いのかなっていうのが自分のなかで言葉になって、すごいラクになるというか。行動が変えられないとしても。

ヨシヤ：言葉にできないと人にも伝えられない。自分も一緒に考えてくれる人がいればいいって言ったんですけど、でも、それできる人ってすごい限られてる。なぜかっていうと、やっぱなんかモヤモヤしてるんだけど、これがなんなのかわかんないっていうのがあって。そういうのを言葉にするうえでも、やっぱりちょっと知識を得るだけで本当に違うと思う。これ、ジェンダーやセクシュアリティにかぎらず、モヤモヤしてることすべて。やっぱ一〇代って、モヤモヤすることしかないし。よく乗り越えられたな自分、って思うし。なんで高校、中学、卒業できたの、自分。

――みんな、よく乗り越えてきたね。男子集団のなかで「男」の枠組みから外れてしまったら、とたんに排除されてしまうという怖さを、みんなが抱いているんだね。この「怖さ」をなくすためには、みんなで学んで「自分のなかで言葉にすること」がとっても力になるんですね。どうもありがとうございました。

ジェンダーを学ぶことで男性が動きにくくなる、という意見が印象的。たとえば、外見によって価値をはかられること（ルッキズム）は男女問わずある。特に男性に対しては、「ハゲ」とか「ぶさいく」とか、女性よりも言われやすいとも聞く。誰もが生きやすい考え方ができるような機会として、ジェンダーを学ぶことが位置づけられると思うけれど、男性によっては、ジェンダーを学ぶことで失うもののほうが多いって感じるのかもしれない。私も男性に生まれていたら同じふうに思うのかなぁ。

恋愛になるとうまくいかない、というところが面白かった！　男はこう、女はこう、という役割を恋愛関係に持ち込もうとする女子もいるし、そういうの全然興味のない女子もいる。もし好きになった女の子が前者だったら、どうしたらいいんだろうね。困っちゃうよね。答えは出ないね（笑）。

ジェンダーに敏感になることで、街の風景が変わっていくって経験があります。たとえば、海外旅行先の「レインボーフラッグ」や男性同士で楽しげに語り合うカップルシルエットなどは、それまでまったく視野に入っていませんでした。ジェンダーに敏感な感性をみがくことで、より生き方の幅が広がっていくのですよね。

インタビュー
interview

マンガと社会とセクシュアリティから教員という道を選んでみた

高橋翔太(たかはししょうた)さんに聞いてみた

大学の教育学部から大学院に進学し、現在は私立高校で社会科（地理歴史、公民）の教員をしている高橋翔太（仮名）さん。大学院修士課程を修了してからの非常勤講師を含めて、教員歴五年目が終わったところの三〇歳。これまでどうやって進路を選択してきたのか、どうして教員になったのか、実際に教員になってみてどんなことを感じているのかなどについて、渡辺がお話を聞いてみました。

◆進路選択のいろんなきっかけ

――そもそも、教員を目指そうと思ったのはなんで？

高橋：最近あらためて、なんでだったんだろうって思うようになってきたんです。幼稚園生の頃は歌って踊れるマンガ家を目指していたって、母親が言っていました。自分では記憶ないいんだけど。子どもの頃から絵を描くのが好きで、高校の途中まではわりとマンガ家を目指したいなと思っていて。Ｇペン（ペン先にインクをつけて描く「つけペン」のなかでも、マンガの作画に適したもの）とか原稿用紙とかスクリーント

ぜひ今からでも目指していただきたいくらい素敵な夢……。

私は、大学に行くのはお金がかかるから、行かない選択肢から考えて、でも行かないデメリットも考えて、結局自腹で大学に行ってみた。

大学院とは、大学卒業後にもっと研究を深めるために二年（修士課程）、さらに三年（博士課程）いく高等教育機関だよ。

ーン（イラストやマンガに使われるデザインシート）っていうマンガ家セットを買って、高校二年生ぐらいまでは実際にマンガ描いてたんです。高校三年の選択授業では、受験のための科目じゃなくて美術を選択したんです。進路についてあらためて美術の先生に相談すると、美大に行ってマンガ家になるよりも、いろんな経験を積んだほうがマンガみたいなものはいいんじゃないかって言われて、なるほどって思ったんです。それで社会のことを幅広く学べるところってどこかって考えた時に、たとえば社会科の教員はいろんな知識を幅広く学んでいくみたいな印象があったから、それもいいなって思ったのが一つ。

あとは、高校では合唱部に入ってて、テノールのパートリーダーをやってたんです。七〜八人のなかで一緒に音取りとかしてたんですけど、その時に教えることとか、みんなと一緒にやるのってすごく楽しいなって思って。それらが組み合わさって、とりあえず教育学部いってみようかなって思ったんです。教員になったら絵を描く力だって使えるだろうし、教員をやっていくなかでやっぱりマンガ家を目指すんだったらそっちに進めるし、高校の時にはこういうことをしたいっていうのはぶっちゃけあんまり決まってなくて、選択肢をいろいろもてるとしたらどこかって考えてました。美大もアリかなと思ってたけど、絵をひたすら描くってつぶしがきかなくなるイメージがあって、ほんとに絵だけでやっていけるか不安もあるし。マンガであったとしても絵を描くことがすべてではないと思ったので、美大は選択肢から外しました。

——大学の学部を卒業してから、大学院に進学したのはなんで？

高橋：まず、教育学部で勉強しながら、社会科系の授業は楽しいんだけど、部活動って教員の労働上あやふやな位置づけにあるということや、多忙な学校現場で教科課程外のことをやるのが当たり前みたいになっているのがわかったら、なんだかモヤモヤしてしまって。いったいなんなんだろうと。ゆくゆく教員になるだろうけど、あんまり学校では働きたくない、ちょっと心の整理をしたいなと思ったのが一つ。

二つめが自分のセクシュアリティに関わることで。大学生の頃に自分ゲイかなってだんだん気づきはじめて、どちらかというとアイデンティティとして確立されつつあった時、大学二年生ぐらいかな、大学の講義でゲイの方が来て授業をしてくれたんです。そこで初めて「ＬＧＢＴ」っていう言葉があるって知ったんです。自分のなかではセクシュアリティって性欲のこととしてしか考えてなかったんです。それまでは自分はゲイ寄りのバイセクシュアルって認識していて、アプリとかでゲイの人に会ったりしてたんだけど、友だちつくるとかじゃなくて、ほんとにカラダ目当てみたいな感じで。それが、セクシュアリティのことについて社会のなかですごい問題意識をもっている人がいて、ＬＧＢＴの人たちが人口の何％いるんだとか、同性婚であったり制度の話とも実はつながってるんだってこととか、海外ではこうなってるとか、社会のなかで自分のセクシュアリティがどう位置づくかみたいな話を聞いて、僕はあ〜そーなんだ〜！みたいに思ったんです。そのあと、そのゲイの方とも直接話をして、友だちづくりイベントを開催してるっていうので実際に行ってみたんです。そこでは同年代の人とゲイあるあるみたいな、こういったところで面倒くさいことがあったとか、息苦しいとか、アプリをめぐってこうだああだとか、性欲のはけ口じゃない関わり方をしている方の話も聞けて、それがすっごいおもしろくて。そこから、自分自身がすごい解放されていく感じがして、自分の生き方みたいなところが変わった感じがします。

その一方で、将来働いた時に、職場にＬＧＢＴの人がいるのかとか、周りから自分がゲイだってわかった時にどう見られるのかとか、結婚のこととかで圧がかかったりとか、ゲイの僕が教員になった時、教員として生きづらくないかとか、自分自身いろんな人にカミングアウトする経験ってその当時ほとんどなかったし、いろんな不安も出てきたんです。そういったなかで進路を考えた時に、自分自身のセクシュアリティとか生きづらさみたいなのとか、それが社会にどう位置づいているかとか、ちゃんと言葉として、知識として、論理体系として自分のなかに取りこんだうえで、自分の生き方みたいなのを考えていきたいなと。それが、もしかしたら学校教育とかにも活かされるかもしれないし。でも、まずは学校でそれがどう役立つかということよりも、自分の生き方みたいなところを考えるために、僕は大学院に進学したところがあります。

――大学生の時は友だちにカミングアウトしてたの？

高橋：順を追っていくと、そもそも大学四年の卒論も、社会学のゼミのなかで同性愛のことをテーマにして、これまで雑誌や映画やドラマなどのメディアが同性愛をどう取り上げてきたかみたいなことを調べたんです。その時に読んだ『ゲイ・スタディーズ』って本に、学術的な言い方で自分自身の立ち位置とか、ゲイであるというセクシ自分のなかでカミングアウトが流行る時期あるかも。

学生だとカミングアウトするタイミングあるけど、仕事場だとそのタイミングがなかなかなくて、結局ノンケ(異性愛者)ぶって生活しちゃうことってあるなあ。

ユアリティを明確にして運動していくんだという話が書かれていて、僕はそれが大事なんだってバカ正直にとらえて、ゼミ内の卒論発表会でカミングアウトをしたんです。
ゼミは、同学年が僕ともう一人の女の子しかいなくて、あとは後輩が二人。ぶっちゃけ後輩とはそこまで仲がいいってわけじゃなかったから、いい意味で、まぁいっかって。で、その女の子とは終わってから一緒にご飯行って、そこで自分のセクシュアリティとか、自分が勉強したこととか、いろいろ話して、わりと盛り上がったんです。そこで話ができたっていうのも、僕のなかでは励ましになったと思います。ゼミの外では、カミングアウトは断片的にしかしてなくて。同じ学科の同期が七人いたんですが、自分たちの代は僕含めて男性は三人で、男友だち二人にはまだカミングアウトしてないんです。僕のなかで女子にはカミングアウトしやすいっていうのがあって、大学四年生の時にカミングアウトしました。卒業旅行の時も、その女の子たちからは男子たちも大丈夫だから話しなってすごい言われたんだけど、でもさーって言って、カミングアウトしてないんです。でも、自分としては意外にカミングアウトしても受け入れてもらえるところってあるんだなって思って、大学院のゼミでは聞かれたらそうだよって答えたり、話の流れでいいタイミングがあればカミングアウトしたり、基本的にオープンにしていました。

――修士課程ではどんな研究をしたの?

高橋：学校では、子どもたち以外にも、教員にもＬＧＢＴの人っているはずなのに、そこには全然焦点が当たらない。自分としては不安なわけですよね。実際、ＬＧＢＴ

の先生で生きづらいなっていう人もいるはずだし。しかもＬＧＢＴの先生が生きやすい学校じゃないと、子どもたちも生きやすいとは言えないんじゃないかと思うんですよ。だって職員室のなかで「ホモキモい」とか、結婚の話題とかでイヤな思いをする教員のいる学校が、子どもたちにＬＧＢＴのことをちゃんと教えられるかっていうと、そうじゃないはず。だから教員のなかでのＬＧＢＴの人の生きやすさを追求していったら、子どもたちの生きやすさを考えることにつながってくんじゃないかって思って。ＬＧＢＴの先生の声を聞くことで、どんな生きづらさがあるのか、その生きづらさがなぜ生まれるのかっていうことを、学校文化みたいな文脈で分析をしてみました。

――就活は？

高橋：その研究のなかで、インタビューをした今の職場で働いている先生から、「ちょうど社会科の非常勤講師に空きができてるから、よかったら来てみない？」って話をされたんです。その学校は、生徒にただ受験知識を教えるんじゃなくて、生き方を考えるとか、社会のなかでの自分の立ち位置を考えさせるとか、それこそ性の多様性のことにも触れたり、沖縄の基地問題や在日外国人差別の話とか、世の中のいろんな生きづらさみたいなテーマも自分たちの教育実践としてつくっていくところだったんです。そこなら自分自身やりたいことができるし、教員としても生きやすいんじゃないか、ここだったら教員やってもいいかなって思って受けてみて、非常勤講師として採用されて専任の今に至ります。

応募書類のなかには修論、卒論のことを書く欄があったので、研究テーマについて人の振り見て我が振り直せ、よね。

書きました。面接では、セクシュアリティのことももちろんやりたいことの一つではあるんだけど、いろんな社会の問題を生徒たちがいかに自分のこととして考えられるようにしていくか、いちばんの問題意識はそこに向いていたので、セクシュアリティのことも含めていろんな社会問題を生徒たちと一緒に考えたいし、生徒たちが他人事だと思わずに、自分自身もこの問題の当事者なんだと思ってもらいたいっていう話をしたような気がします。

　高校生の時の僕は、好きなアニメの動画サイトやまとめサイトみたいなところを見るのが大好きだったんです。海外から日本のアニメがいかに評価されているかみたいな記事とかあって、それを読むと、すごくうれしくなるんですよね。それに比べて「中国は……」「韓国は……」と嫌悪感を煽（あお）る内容もそういったサイトにあったりして、真に受けてたんです。でも、大学や大学院とかで、自分のセクシュアリティをめぐってその生きづらさがどこからきているのかっていうことを考えた時に、いわゆる「保守系」の議員なんかが同性愛なんかけしからんみたいなことを言ってるのを見たりして、やっぱり自分の生きづらさって、そういう「異文化」や「違い」というものを排除する「保守的」な発想のなかから出てくるんじゃないかってところに行きついたんです。「日本が一番」「日本こそ素晴らしい」「日本を守らなければ」って思ってたけど、自分が抱えてる生きづらさって、こういった異質なものを排除するいろんな差別問題や社会問題と根っこではつながってるんじゃないかって気づいたんです。海外へイトになっちゃってた自分ってなんだったんだろうとか、何がそうさせたんだろうとか、高校の時のあの発想ってなんだったんだろうって。結局、僕ってゲイの「当事者」

生きづらいよと言われたり、みんなと違うと感じたりすると、生きづらいのかな？　と思うけど、結局生きてみると、なんだかんだ生きていけるんだよね。

ではあるけれども、僕自身も他に困っている人とか生きづらさを抱えている人に対して自分なりに当事者意識をもって関わる時に、お互いにそういった矢印がないと社会ってつくられていかないよなって思うようになったんです。

◆働いてみてわかったこと

――実際に教員になってみて、どう？

高橋：難しい！　やっぱ大学院の頃は、そういうことをやっていこうっていう気持ちがあふれんばかりではあったんだけれども、実際それをやっていくのはすごく難しいなって思っています。授業としていろんな社会問題の話はするし、できるっていうのはいいけれども。難しさの理由にはいくつかあって、一つ目は、自分がゲイであることをカミングアウトするハードルも低くなってきてるし、それこそ自分のなかで、この自分でいいんですよっていうのが確立されてきているから、正直かつての自分の差し迫った生きづらさみたいなのを感じなくなってきた。そういうなかで授業をしていて、自分の内側からあふれる燃料みたいなのがちょっとなくなってきてる感じがしたりして、自分のなかで本当に問題意識ってどこまであるんだろうかって考えることがあるんです。僕が本当の意味で自分事として世の中のことを考えていないと、生徒に言葉を投げた時にも、たぶん透（す）けて見えちゃうところがある。「結局、きれいごと言ってるんでしょ」とか「考えろって言ってるけど、先生はどうなのか」って言われた時に、口では言えるけど表面的なことしか言えてないんじゃないかとか。いざ授業をしてみると、自分自身の立ち位置をはっきりさせているつもりではあったけど、よりい

厳しすぎ〜。なんのため⁉

逆に校則がなかったり、生徒が校則を決める自由な校風のところもあるよね。

先生もけっこう悩んでいるんだね。結局、だれが学校のルールを決めてるの？

っそう自分に問われるというか、世の中のことを自分事として教えるってかなり難しいんだなって思わされたんです。

あとは、うまく重なるかわかんないですけど、うちの学校って校則がそこそこ厳しいんですね。たとえば、頭髪も男子は目の上にかからないとか、女子は髪の毛が肩より下になったら結ぶっていう規定がある。広く社会を考えた時、自分自身は男女で違いを設けるべきじゃないと思う一方で、私立の高校というところで、多くがこういう校則のあることを承諾して生徒が入学してくるわけですね。もちろん、トランスジェンダーとか性の揺らぎがある生徒には対応するけど。校則って生徒が変えることもできるけど、私立の学校である以上は学校として示すものでもあるから、言っちゃえば、教員の私たちがどういう校風を選び取ってるかということの現れが校則だと思うんですね。

そういった時に、僕個人的には変えたいし、内心はちょっとこれ変えてったほうがいいんじゃないかって思う教員もいる一方で、それはでも校風としてこれまでも大切にされてきたものだし、それをわかったうえで入学して、そのうえで生徒を指導していくっていうことだから、むしろ無秩序になるよりは決まりがあったほうがいいんじゃないかと主張する人もいる。そのなかで声をあげて変えていくということを自分はしなきゃいけないなと思うけれども、なかなか簡単なことではない。でも声をあげて世の中を変えてくんだとか、クラスのなかでいろいろ意見が対立しても一緒につくっていくんだよ、みたいなことを生徒に教えてる自分が、職場のなかで自分やってないじゃないですかみたいな葛藤があって。そういった難しさも感じてる。

あと、去年三年生を送り出したので進路指導もやったんですが、この学校では、なんとなく大学に行くのではない選択肢を生徒に考えさせようとするところがあるんです。僕自身は選択肢をちょっとでも広めにとっておいて、なんとなく教員って感じだったんですけど、生徒たちにはもう一歩踏みこんで、なぜそれを学びたいのか、しっかり考えさせなきゃいけない。自分が高校生の時の進路選択の経験って、今の生徒たちにはあんまり役に立たないんですよ。それに、自分が大学の学びに関心をもつようになったことって、自分のセクシュアリティを抜きには語れないんですよね。だけど、生徒にはカミングアウトしてないから、そこの自分の生き方とか、自分が直面した課題がどうやって社会に結びついて、自分の関心に結びついていったか、本当は自分の一人称で語りたいんだけど、それができないので、正直はがゆい思いがありました。

――そういう難しさはありつつ、職場の居心地はどう？

高橋：職場としては長短どっちもあって。一つは、同じ学年の先生とかには、タイミングがあればカミングアウトをしています。数年前に「OUT IN JAPAN」っていうLGBTの人びとを映す写真展があって、そこで僕も撮ってもらったんですけど、生徒にそれを知られてしまったんです。生徒たちって入学してまもなく、担任の名前をネットで検索するんですね。「高橋翔太　高校」とかで調べると出てきて、それが保護者のなかでも広がってたから、これは学年の先生にもアンテナ立ててもらったほうがいいかなと思って、学年の先生にもカミングアウトしたんです。先生方は、何も悪いこありがたい……けど、誘い方が身がまえてる感じがするね。他の人もパートナーを連れてくるならわかるんだけど、どうなのかな？

としてるわけじゃないんだからって受け止めてくれて。だから、自分のことを開いてもいいんだという安心感っていうのはある。
一方で、男性の先生への開示のしづらさみたいなのもあって。男性の先生から「パートナーとは今どうなの」とか、「こんどパートナーも一緒に、みんなで遊ぼうよ」とか言ってくれたりはします。だけど、気をつかって言ってそうな感じに僕が読み取っちゃうのかもしれないけど、なんか話しづらかったりとか、僕から話題としては触れなかったりとかあったりします。カミングアウトはプロセスなので、重ねていくことでしか変わっていかないことなのかなって。だけど、それで居心地が悪くなっているとかいうわけではないから、それは別にいいんだけれども、なんとなくモヤモヤがあります。

——ところで、マンガはどうなっちゃったの？

高橋：どうなっちゃったんでしょうね（笑）。大学入ってもイラスト描いたりとか、その頃流行ってた個人ホームページつくったりとかしてたんですけど、マンガとして描くみたいな感じは薄れてきたかな。現実的じゃないなっていうのがわかってきたのかな。むしろ教員として何か教えるとか、授業つくるのがめっちゃ面白いなと思ったから、そっちに気持ちが向いてて。二種免許取得のための副専攻で美術を専攻してたんですよ。そこで絵を描いたり、彫刻やったりしたけど、大学での経験がだんだんとマンガ家になりたい気持ちを塗りつぶしていった感じ、僕のなかで。

【教員免許の取得】
教員普通免許状には、
▽専修免許状（大学院修了相当）
▽一種免許状（大学卒業相当）
▽二種免許状（短大卒業相当）
の三区別がある。

【ロールモデル】
自分の振る舞いや考え方、生き方などのお手本になるような人。

◆暮らしのなかのセクシュアリティ

――「ゲイ寄りのバイセクシュアル」から「ゲイ」っていう認識になったのは？

高橋：中学生の頃から男性に関心あったんです。でも、その時は恋愛対象と性欲を切り離していたところがあって、女の子に告白をして付き合ったりフラれたりしながら、マスターベーションの時は男性の画像を調べたりとかしてたんです。高校生の時には同じ部活の男の子に好意を抱いていたけど、その好意も言語化するのにすごく時間がかかって、一緒にいると楽しい、でもこれって好きってことでいいのか、いやどうなんだみたいなことを、予備校に行きながら紙に書いて整理していたり。そんななかで、自分はまずバイセクシュアルなんだって考えるようになってきた。で、大学に入ってから、出会い系サイトを使って二〇代後半のゲイの人と会ったりしたんです。やっぱ性的な経験をするって、自分のなかのセクシュアリティを腑に落ちさせる効果っていうのがあるし、だんだんとゲイ寄りって考えるようになりました。それから最初に話したゲイの方の授業を受けて、友だちづくりイベントに行ってみたんです。そこでちょっと先輩のロールモデルに出会った。それまで男性同士で付き合うっていうイメージがなかったんですよ。それこそ性行為をするくらいの感じ。だけど、男同士で付き合うってすごく楽しそう、うらやましいとか、キュンキュンするとか、恋愛として付き合うことのイメージが自分のなかで湧いてきたっていうのが、ゲイって認識するのに大きかったんだと思います。

——今はそれをパートナーと実践してるわけだよね。二人で暮らして何年目で、どんな暮らし？

高橋：三年目です。基本的には相方は土日が休みで、毎日家を七時ちょい過ぎに出ていく感じ。僕は土曜日授業がある分、平日に休日があるんですよ。一緒のベッドで寝てるんですけど、相方が先に起きて、僕がちょっと遅れて起きてきて、相方がパンを食べてるかたわらで、僕はヨーグルトを食べながら相方と自分の分の弁当つくって。で、あわただしく僕のほうが早く出ることもあれば相方が早く出ることもあるし、じゃーねーみたいな感じで。夜はどっちが先に帰ってくるかはバラバラだったりするから、早く帰れるほうが簡単にご飯つくったりとか、週末につくり置きしておいたものを温めて食べたりとか。日常としてはそんな感じですね。家事も基本的には余裕のあるほうがやる感じ。自分のなかでは僕のほうがやってますからねって思ってたり、飯とかも自分でつくったほうがおいしいぞみたいに思ってるけど、客観的に見たらまた違ってるだろうなとか、そういった「家事がんばってます問題」とかもありつつ、洗濯物も僕が朝ゆっくりできれば干して、相方が早く帰ってきた時にはそれを取りこんでとか、それとなく分担みたいなのもあって。休みが合った日は、どこかにお昼食べに行ったりとか、買い物一緒に行ったりとか、たまに旅行に行こうよって計画立てたりとか。こうやって言うと、すごくどうでもいい話だけど、高校時代の僕だったらイメージ湧かないですよね。

似たもの同士が仲よくなるかといえばそうじゃなくて、似てるからこそ警戒して仲よくなれなかったりすることあるよね。

――一〇代の読者や一〇代の頃の自分にメッセージある？

高橋：メッセージって難しいけど、一つは今一生（こんいっしょう）さんの『よのなかを変える技術　14歳からのソーシャルデザイン入門』という本を読んだら、世の中の生き方には地理的作法、歴史的作法、公民的作法という三種類があるって書いてあったんです。社会のなかで違和感とかイヤなことがあった時に、そのままの自分でガマンして歴史を積んで、その先には何も変わっていかないなかで死しか待っていないという歴史的作法。別の場所で別の生き方を見出す地理的作法。そして、イヤなこととか行き詰まることがあった時に、その社会を変えていく公民的作法。最初は、イヤなことがあったらこの仕事や職場をやめていいのかなと思ったりしてたけど、他の場所でもいいところ悪いところって出方が変わるだけで、結局自分のなかでよりよく生きていくためには、自分の身近な社会を変えていくしかないのかなと思ったりして。今は、そういった意味で現在の職場で働き続けていきたいなって思うようになりました。

　生き方に関わる話だと、自分が中学生や高校生の時の生きづらさにはいろんなものがあって、それこそ僕はセクシュアリティの生きづらさとかもあって。高校生の時に、ウワサでは僕と同じ学年にゲイの人がいたらしいんですよ。でも僕は、それを聞かないフリをしていたんです。僕は関わらないほうがいいって思って。「ホモネタ」みたいなので盛り上がっている同級生がいて、それをなんともいえない気持ちで聞いていたりとか。あるいは、自分自身が男の人にもつ感情は恋愛感情なのかみたいな揺れがあったり。自分自身、中学校の頃にいじめられた経験もあるし、高校生の頃もクラスのなかに友だち誰もいねーなーみたいな。昼休みになると早々に部室行って、お弁

当食ったりとか、寝るしかねえとか。話せる人がいないわけではなかったけど、自分のなかでちょっと孤立感みたいなのがあったりとか。今振り返ると、社会の狭さみたいなものがあったんです。

だけど大学に入って行動範囲が広がるなかで、生き方ってこんなに広くあったんだって気づくことがあったし、それこそ大学でセクシュアリティのこととか勉強するなかで、自分のセクシュアリティが社会のなかでどのように位置づいているのかが見えてきて、自分が解放されていったところもある。勉強するとか、社会に足を踏み出していっていろいろ経験するなかで、僕は自分自身が確立されていったところがあると思っていて。まだ途上だけど。結局、小学校、中学校、高校とかで感じたぼんやりした生きづらさみたいなものって、勉強していくとそれをちゃんと言葉にすることができて、また言葉にしていくとそれが自分のなかでどう対処していけばいいのかとか、それは自分だけの生きづらさの問題じゃないことに気づけたりとかして、僕はすごく救われたんです。社会の問題だったら、簡単じゃないけれども解決することができるわけじゃないですか。自分個人が耐えるだけじゃない問題として。だから、勉強って大事だよ、みたいな。勉強すると生きやすくなるし、ときには問題に気づいて生きづらくもなるけど、勉強すると自分自身の生きづらさを知ることができる。その意味で、生きやすさには多少つながったかなって言いたいな。

──若い頃って、「勉強しなさい」って言われてもなかなか響かないけど、こういうストーリーがわかると、その言葉はとっても響くね。どうもありがとうございました。

問題意識と職業が一貫してつながっているパターンの進路選択、素晴らしいです。こんなふうに進路を選び取っていけるんだし、歌って踊れるマンガ家から教師になっちゃうんだし、結局べつに一〇代のうちに、将来のこととかって決まってなくてもいいのかもね。アンテナを立てておけば、自分のことをわかってくれて、次のステップを示してくれる人やロールモデルとなる人物が、意外と近くにいたりするんじゃないかな⁉

高校の時に中国や韓国の人に対してアンチな気持ちをもっていて、あとになってから考えが変わったところが興味深いなって思った。根拠ないのに、しかも全然よく知らないのに、自分と違う人を差別しちゃうことって、めっちゃありふれてるよね。周りが差別的なノリだから自分もいいや的な。自分も高校の時にはデモしてる人とかをすごく冷ややかな目で見てたけど、あとになってから考えが変わった。

小学生、中学生、高校の頃って、語彙（ごい）数が足りなくて、自分の気持ちを人にうまく伝えられないことで、モヤモヤ、イライラすることが多いんだよね。でも、言葉を獲得し、伝え方がうまくなっていくと、そうそう、それが言いたかったんだよって、モヤモヤがすっきりと晴れる瞬間がある。もう一つは、成長するにしたがい行動範囲が広がると、多くの人たちと出会いがあり、多様性をリアルに感じられる。そういうことの積み重ねが、学校以外の「勉強」ってことだよね。

悪いのはあなたじゃない――あとがき1

『思春期サバイバル』は、この本で三巻目になるシリーズものの作品です。最初に一巻目を書き始めた時、私は二〇代で、世の中を変えたいと思っている暑苦しい人間でした。世の中を変えたい、なんて言うと大げさかもしれないけど、ようするに、社会に対してムカつくことがいっぱいあるな‼　と思っていた感じです。

私はLGBTでいうところのT＝トランスジェンダーの当事者です。自分がそのような名前で呼ばれることも高校生になるまで知らなくて、学校でLGBTについて習った経験も皆無(かいむ)でした。先生は理解がなかったし、自分の親もLGBTのことを知らないし、学校では勝手に女だと思われて「スカートをはきなさい」と言われて電車の窓に映る自分を見るたびに死にそうだったし、日本の社会はどうなってんじゃ、とムカついていました。

高校を卒業してからLGBTの友だちがたくさんできたけど、女同士、男同士で結婚したいねと言いながら、法律が変わる前に若くして亡くなってしまった子もいて、それも悲しかったなぁ。好きな人同士、結婚したいって言ってるのに、他の人がそれを許すとか許さないとかって、どういうこと⁉　法律にも納得がいかなかったし、政治家が差別的な発言をするのにもウンザリでした。

そんなこんなで、高校卒業した頃から友だちと一緒に駅前でマイクを持って、性の多様性についてみんなが書いてくれたメッセージを代わる代わる読んだり、学生で集まってアンケートをとったり、世の中を変えるための作戦を立ててきました。本を書くのも、そのひとつでした。暑苦しかった二〇代はこうして過ぎていきました。

最初の本を出してから、この本が出るまでに一〇年近く経ちました。今、何をやっているのかというと、相変わらず同じことをやっています。世の中にムカついて意見を言うのは若者の特権だという人もいるけど、私は相変わらず、三つ子の魂、百までってやつ（笑）。

最近だと、「にじーず」というＬＧＢＴ（かもしれない人を含む）の子どもや若者が集まれる居場所をやっています。そこで中高生のＬＧＢＴの人たちから学校についての不平を聞いて、その子たちが先生に意見を言うためのお手紙の文面を一緒に考えたりもしています。こういうのを「子どもの意見表明権」を守るためのお仕事っていうらしいです。「意見表明権」って素敵な言葉だって思うんだよね。

この本を読んで自分の意見を言える若い人たちが増えたら、それがいちばんうれしいなと思って、三巻のいろんなインタビューをしていました。自分の意見を言わないと、世の中から抹消されちゃうこともあるから、言葉を見つけていくことは自分の人生を守ることにつながると思っています。

これを読んでいる人にいちばん伝えたいのは、あなたはダメなやつじゃないってことです。今の日本社会って、自分をダメなやつだと思ったり、自分のことを嫌いだって感じる若者が多いらしい。高校生の過半数が自分を価値のない人間だと考えているってデータもあるみたい。でも、それ、あなたのせいじゃないから。

学校や家に居場所がないとか、友だちがいないとか、他の人と同じようにできないとか、そんなことのせいで大事な自分を嫌いになっちゃわないでほしいなぁと思います。そりゃあ、多少は自分の努力でなんとかしたほうがいいこともあるだろうけど、周りが「いろんな当たり前」を押しつけてくるから、苦しくなっちゃうことも多いと思うんだよね。

「いろんな当たり前」は、たくさんの人と出会っていくなかで、当たり前じゃなかったことが明らかになることもあります。中学校の時の当たり前のルールが、高校生になったら全然違っていたり、職場Aで当たり前のことが職場Bではそうじゃなかったりします。

「いろんな当たり前」は仲間と話し合って変えることもできます。私が友だちとやっているみたいに、自分たちが感じていることを周りに伝えていくなかで、変わっていったこともけっこうあります。たとえば最近だと、制服のスカートやスラックスを選べるようにしようという学校も少しずつ増えてきています。校則がおかしいなら校則を変えていこうって発言する選択肢だってある（さっき話してた「意見表明権」ってやつ！）。

世の中のほうを疑ってもいいんだ、世の中を変えるっていう選択肢もあるんだってこと、これからも楽しく伝えていけたらいいなと思っています。

最後まで読んでくれてありがとうございました。

（遠藤まめた）

つながる、子どもとともに創る未来――あとがき2

私は長年、中学校の養護教諭をしていました。思春期まっただなかの生徒たちの心とからだは、三年間という短い間に急速におとなに近づいていきます。しかし、親や教員との対峙、友人関係の複雑化、恋愛感情のもつれ、性的欲求のコントロール、コンプレックスの高まりなどなど、一人ひとりの成長する過程は容易ではありません。保健室では、正義感が強いがゆえに教員と対立し、ときには暴力で抗（あらが）おうとする生徒たちの姿を見てきました。友人関係が破綻し、仲間の裏切りにより傷ついて教室に行かれなくなった子もいました。恋愛関係のもつれから摂食障害に陥った子や、受験の失敗で生きる希望を失った子もいたのです。私は彼らのそばに寄り添い、ただただ、ゆっくり話を聞いてあげることしかできませんでした。それでも、彼らは気持ちが落ち着くと自分で答えを見つけて、立ち直っていったのです。

現在は、一五歳から三九歳までの生きづらさを抱えた子ども・若者の自立支援ルームの所長を務めています。ここを居場所にしているメンバーの年齢、性別、セクシュアリティ、学歴、家庭環境は実にさまざまです。でも、学校・職場・家族などのさまざまな場面や、友人、恋愛、同僚などとの関係性になんらかの「生きづらさ」を抱えています。そこで「自己肯定って難しい」「若者恋愛講座」「ジェンダーってなんだー！」「おしゃれプチ整形」「自立のレッスン」などのプログラムを講座に取り入れてみました。そこでは、この『思春期サバイバル』シリーズが、大いに参考になっています。

一〇代を終えても、当時の辛さを引きずっている二〇代、三〇代の女性、男性、セクシュアルマイノリティを自認しているメンバーもいます。その当時に思春期を楽しめなかった時間を取り戻すかのように、和気あいあいと話し合う様子は実に楽しそうです。私は、彼らからすればずっと年上なんですけど、最新情報で流行のファッションをアドバイスしてもらうこともあれば、ボードゲームにも誘ってくれます。若者たちとの音楽や映画の話は興味深く、ワクワクする瞬間を共有できています。年代を超えた関係性はとても大切で、私にとってもかけがえのない居場所になっています。

彼らのことを、「甘え、怠け、たるんでいる、親の顔が見たい」などと、よく言わないおとなは少なくありません。「いまどきの子は……」という言葉は、歴史の始まりとともに存在していたようです。「おとなは子どもより優れている」という思い込みがあるおとなたちは、子どもの同意を得ずに、影響を与えようとします。それは、子どもとおとなの対立を生み、お互いにとって不幸なことなのです。おとなと子どもは、一緒に未来を創っていく仲間なのです。

思えば、この本の執筆者の他のメンバーと私は、親子ぐらいの年齢差ですが、長いこと、ゆるやかにつながっている仲間ですよね。性教育、エイズ予防啓発活動、セクシュアルマイノリティ、チャイルドドライン、若者の自立支援、思春期など、つながっているキーワードがたくさんあります。編集に関する私のパソコン作業がトロいのに、仲間たちは見捨てずにていねいに関わってくれます。そんか仲間に心より感謝しています。

（金子由美子）

家出も自立のステップ――あとがき3

私は一〇代の時に、学校以外で出会った人にたくさん助けてもらいました。平成のコギャル（笑）風味な私に偏見をもたずに関わってくれた人の存在や、家に帰りたくない時にいられる場所があったことが、ありがたかった。いちばんの思い出は、一六歳の時に、二〇代のスタッフにボリュームマスカラを塗ってあげたこと！　私もおとなになったら、一〇代の子が家に帰りたくないな、学校に行っても解決にならないなってモヤモヤする気持ちと、共にある人になりたいと思いました。

私がこの本にたずさわるようになった時は二〇代後半で、一〇代向けのフリースペースの運営をしていました。一〇代の子たちと一緒にモヤモヤした気持ちや状況を整理して、一歩ずつ前に進むような毎日を過ごし、ときには一〇代の子たちから白のアイラインの使い方を習いました。

それぞれの人が、さまざまな選択を迫られるなかで、世代を超えて助け合うことは楽しいです。世代ごとにぶつ切りにされている日本の世の中ですが、近い世代間のつながりがお互いを強くすることってある。上からとか下からとかではなくて、フラットに話ができる関係を多くもっておきたいものです。

私の担当したテーマに、「家出」がありました。家出ってネガティブに受けとられがちですが、他方では、自立のステップともとらえられるのではないでしょうか。

そもそも二〇代になれば、単身生活をしている人が多いにもかかわらず、一〇代で自宅を離れるという選択については「幼稚な考え」「子どもにはできない」「家を出るのは早すぎる」と言われたりするのは、なぜなのでしょう。たしかに、一〇代のほうが三〇代よりもできることは少ない、ということはあると思います。最近「一八歳で成人」って決まったけど、そもそも一八歳と三〇歳では経済的な余裕が全然違います。しかし、それならばなおさら、決意し行動する一〇代に対して、応援する気持ちになるのではなく、止めたり否定したりしたくなるのはなぜでしょう。

これにはティーンエイジャーに対する思い込みも影響しているようです。一〇代はやる気がないと思われたり、はたまた怖がられたり、ただ存在するだけで謎に責められたりしがちです。これを、日本ではあまり知られていない用語で、youthismといいます。若いからという理由で、不利になることがあるのだそう。たとえば日中、学校に行っていない一〇代が公園に集まって、何もしていなくても、「なんかいかがわしいな」と思った市民から通報されてしまうこともあるそうです。「年相応に振る舞え」「いつか理解できるようになるまで待て」「親の言うとおりにしなさい」といったおとなからの目線に、一〇代ならではの困りごとがつくられていく、といったかたちです。

反対に、「モヤモヤを抱えている一〇代」というレンズを通して、あらためて一〇代を見てみると、どうでしょう。私には、第三巻でインタビューした元一〇代の子らが頼もしく今を生きていて、その分岐点に家出があるように思えました。youthismをはねのけ、力強く自分の道をつくっていく、一〇代のパワーを感じます。それに、多少の失敗をしながら人は成長します。私だってそうだった。「子どもだからわからない」という言葉がありますが、「子どもにしかわからない」こともあります。一〇代の魅

力、想像力豊かな発想や希望に満ちた考え方、ひらめきに期待するのも、悪くないんじゃない⁉

このように、一〇代に対する否定的な固定観念から解放されると、一〇代の家出は自立へのステップともとらえることができます。一方で、そもそも「自立」って何でしょうね。仕事につくことでしょうか。人に頼らずに生きられるようになることでしょうか。私としては、適度に人に頼りながら、自分に無理のない生活スタイルが見つかることなんじゃないか、と。文字的には「自立」だけど、一人でやらなくていい、と。そして、その形はたえず年齢によってずっと変わっていくのではないか、と。だからこそ今、私も「自立」への道半ばだなと思うのです。

人生一〇〇年時代で、すべて計画どおりにいく人なんていません。だからみなさん、あまり思いつめすぎず、未知の未来に悲観しすぎずに、ぷぷぷ、と今の絶望を笑いながら、だれかに話したりして、お互いぼちぼちいきましょう。それが、モヤモヤと共存するために生涯必要となる力ではないかと思います。

人生ってわからない、だから面白い！　と、一〇代の頃よりは心に余裕をもって過ごせるようになったけど、今だって、ぶっちゃけこれでいいのかなんて、わからない。でもそれって、自分で決めること。みなさんにとって、自分の人生が、ほかでもない自分自身にとってよきものでありますように。今までありがとうございました。

最後に、ここから探検隊のメンバーへ。この本が続いたことで、ここから探検隊のメンバーと定期的に話ができたことが、生きるうえで心強かった。今後の私たちのへんてこな道のりに乾杯！

（武田明恵）

初めて「学ぶって楽しい！」って感じた時のこと――あとがき4

今これを読んでくれているみなさん（そのなかに『思春期サバイバル』全三巻を通して読んでくれた方もいたらうれしいです）は、「学ぶ」という言葉からどんなことを連想しますか？　学校の勉強？　夏休みの宿題？　受験勉強？　いろいろな人との出会いや別れ？　人生そのもの？　では、それらを経験した（している）時の気持ちは？　辛い？　きつい？　つまらない？　意味ない？　楽しい？　おもしろい？　もっとやりたい？

私が「学ぶことってこんなに楽しいことだったんだ！」って初めて感じたのは、大学を卒業して、大学院に進学するまでの一年間でした。大学院進学の準備のため、ジェフリー・ウィークスの『セクシュアリティ』（河出書房新社、一九九六年）という本をみんなで読み解いていくという読書会を、大学の指導教員が開いてくれたんです。この本は私にとってはとても難しい本でした。それを指導教員と私を含めた学生三、四人で、あーじゃない？　こーじゃない？　って言いながら、じっくり読んでいったんです。

それまで私は読書って嫌いでした。読書感想文の宿題も、いつもほとんどあらすじを書いていました。だから作文も嫌い。歴史の勉強も意味がわかんなかった。数学はパズルみたいだったので、ちょっと好き（暗記モノだと思っていた）。ただ、他人の目がいつも気になり、怒られるのが怖くて、学校の勉強も生活態度もとても「まじめ」

に振る舞っていました（たぶん根も「まじめ」なほうだと思うけど、自分に自信がなかったのかも）。でも、その勉強のほとんどが受験が目的で、「楽しい」なんてほとんど思ったことがなかった気がします。

それが、この読書会は違ったんです。そもそも難しい本だからみんなで考え合おうという会なので、ぜんぜん見当違い（かもしれない）なことを言っても受けとめてもらえたんです。間違ったっていいし、それが間違いなのかどうかもわからない。それをみんなで考え合っていくという積み重ね。それを繰り返していくうちに、ジェンダーやセクシュアリティについて自分のなかでふだんからモヤモヤしていたことが、「そういうことだったのか！」って一つひとつ解きほぐされていったんです。それは一人ではたどり着けなかったかもしれません。みんなで、ここに書いてあることの意味ってよくわかんない、それってこーいうことかもよ、うーん、やっぱわかんない、などと語り合ったから、やっと見えてきたのかもしれません。

その時から、今までの社会や自分自身に対する見方が大きく変わってきました。自分のモヤモヤってこの社会でこうやってつくられてきていたんだとか、自信がなくてもいいし、でも自分にもできることがある（かも）とか。そしていつのまにか、この読書会が楽しみになっていたんです。そこで、みんなで理解を深めていくことが「楽しい」って感じられるようになったんです。そう思えるようになったことがとてもうれしかったし、もっと早くこの気持ちと出会いたかったたって思ったりしました。これが「学ぶ」っていうことなのかも、とも思いました。

私の周りでも、子どもの頃や大学でもっと勉強しておけばよかったと、おとなになって就職してから反省的に振り返る人がけっこういます。子ども時代よりも生活範囲も、交流する人も、自分が取り組むことも格段に広がるにつれ、あの頃勉強してた内容って、自分の生活のこんなところにつながってたのかも、なんていうことが見えてきたのかもしれません。

読書も作文も嫌いだった自分が、いろいろな人との出会いやそこでの学びに導かれるようにして、教育学という学問を専門とする大学教員になりました。あいかわらず読書は好きではないし、音楽を聴いたり、歌ったり、テレビみたり、コーヒー飲みながらぼんやりしていることのほうが好きだし、今これを書いているのも「産みの苦しみ」を感じたりもしています。

でも、ここから探検隊のメンバーでこの本についていろいろ話し合ったり、大学で若者たちと一緒に議論したり、難しい本をみんなで読み解くことも、いろいろな人と出会っていろんな話をすることも、昔よりは「苦痛」ではなくなりました。それはあの読書会で「学び」の楽しさを経験したからだと思っています。

『思春期サバイバル』を読んでくれたみなさんも、少しでもそんな気持ちを味わってくれたらうれしく思います。

最後に、はるか書房の小倉さん、第二巻に引き続き細かに校正してくれたO.T.Pさん、三巻通してステキなイラストを描いてくれた丸小野さん、本巻に登場してくれたみなさんに心より感謝申し上げます。ついに『思春期サバイバル』も完結ですが、読者のみなさんと私たちのこころとからだの探検は、今ここからも続きます！　（渡辺大輔）

ここから探検隊
メンバープロフィール

●

遠藤まめた

会社員をしながら、LGBTの子ども・若者たちが安心して遊んだり話したりできる「にじーず」という団体の代表をしています。トランスジェンダー。最近の悩みは、メガネがよく壊れること。ペンギンと廃墟が好き。

●

金子由美子

長年、公立中学校の養護教諭をしていました。現在は、性教育の研究グループの代表、思春期を研究する学会の理事、若者自立支援ルームの所長などなど、相変わらず、思春期の子ども、若者たちに関わる活動を継続中。子どもや若者、保護者向けに、いろんな書籍も出しています。

●

武田明恵

元10代向けのフリースペースのスタッフ（契約職員）。生活基盤をしっかりしたいと大学の恩師に進路相談し、保護観察官に転職。高校までで勉強しなくてよくなると思っていたが、結果ずっと勉強していて、大学院生になる予定。好きな言葉は医食同源（笑）。

●

渡辺大輔

大学教員で、専門は教育学。性教育やジェンダー／セクシュアリティに関する教育の問題について研究したり、すべてのセクシュアリティの子どもたちが生きやすくなれるような授業を、中学校や高校の先生方と一緒に考えて創っています。たまに授業のなかでゲイであることをカミングアウト。研究室は性の多様性を表すレインボーカラーでいっぱいです。

制作者紹介

ここから探検隊（ここからたんけんたい）

●

遠藤まめた（えんどう　まめた）

金子由美子（かねこ　ゆみこ）

武田明恵（たけだ　あきえ）

渡辺大輔（わたなべ　だいすけ）

メンバープロフィールは右ページ参照。

●思春期サバイバル3（インタビュー編）
みんなどうやってオトナになってくんだろ。

二〇二三年六月五日　第一版第一刷発行

制作者　ここから探検隊

発行人　小倉　修

発行元　はるか書房
東京都千代田区神田三崎町二―一九―八　杉山ビル
TEL〇三―三二六四―六八九八
FAX〇三―三二六四―六九九二

発売元　星雲社（共同出版社・流通責任出版社）
東京都文京区水道一―三―三〇
TEL〇三―三八六八―三二七五

装幀者　丸小野共生

製　作　シナノパブリッシングプレス

定価はカバーに表示してあります
落丁・乱丁本はお取り替えいたします
ISBN978-4-434-32087-3　C0036